Friedrich Thiemann
Schulszenen
Vom Herrschen und vom Leiden

Suhrkamp

edition suhrkamp 1331
Neue Folge Band 331
Erste Auflage 1985
© Suhrkamp Verlag Frankfurt am Main 1985
Erstausgabe
Satz: Riebold, Offenburg
Druck: Nomos Verlagsgesellschaft, Baden-Baden
Umschlagentwurf: Willy Fleckhaus
Printed in Germany

2 3 4 5 6 – 90 89 88 87 86 85

Inhalt

Vorwort

Im Alltag der Schulen ist die Lehre trotz ihrer Institutionalisierung vom Kollaps bedroht. Und sie war es von Anfang an. Das Problem ist, daß die Schüler der Schul-Lehre freiwillig ihre Zustimmung nicht geben. Ihre folgsame Zustimmung muß immer erst herbeigeführt werden.

Das ist ein Problem der Beschaffung von Legitimation für die Lehre, die eigentliche Hauptarbeit im Alltag.

Wie läuft sie ab?

Sicher nicht in den edlen Formen, die in der didaktischen Literatur entworfen worden sind. Die Beschaffungsarbeit ist unerfreulich, schmuddelig und düster. Oft. Sie ist vor allem eine Art Dauerversuch, die Lehre als Herrschaftssystem zu etablieren.

Schul-Lehre ist als Schul-Herrschaft inszeniert. Wie? Ich habe Antworten in sechs Kapiteln gesucht.

In Kapitel 1 ist der Arbeitsprozeß beschrieben, in dessen Zusammenhang das vorliegende Buch entstanden ist. Dieses Kapitel ist auch als wissenschaftsmethodischer Beitrag zu lesen, der sich gegen die in den Sozialwissenschaften verbreitete Vorstellung richtet, daß Erkenntnis sich ohne Subjekte konstituiere. Ich führe die Subjekte als Produzenten von Erkenntnis in den wissenschaftlichen Arbeitsprozeß ein.

In Kapitel 2 sind drei Textstücke versammelt, die das Thema variieren.

Lehr-Herrschaft in den Klassenzimmern wird mit den Körpern inszeniert:
— in den Bewegungsformen im Raum,
— in den Blicken, mit denen Lehrer die Schüler messen,

– in den Stimmen, die in den Schulklassen regieren.

Kapitel 3 greift auf das Vorangegangene zurück in theoretisierender Absicht. Es geht darum, Erklärungen für den Sachverhalt zu finden, daß Körper sich in Lehr-Körper transformieren, d.h. in Körper, deren Äußerungsformen für die Sicherung der Schul-Herrschaft instrumentiert sind.

Kapitel 4 enthält drei Textstücke, in denen die Perspektive umgekehrt wird. In Kapitel 2 war die Lehr-Herrschaft aus der Sicht auf ihre Träger, die Lehrer, rekonstruiert worden. In Kapitel 4 wird die Sicht der Betroffenen, der Schüler, aufgenommen. Es sind Variationen über Arten des Fertigwerdens mit der Lehr-Herrschaft. Das Fertigwerden wird auf der Ebene der Körper, der Lern-Körper diesmal, beschrieben.

Sie werden für ein großes Szenarium der Täuschung verwendet, als welches sich der Schulunterricht täglich neu herstellt. Das ist eine Dimension des Fertigwerdens, in der noch Elemente des Spielerischen aufgehoben sind, so daß die bedrückende Ernsthaftigkeit, die über der Entfremdung der körperlichen Ausdrucksfunktion lastet, zu leicht übersehen wird. Selbstdistanzierung, spielerischer Umgang mit der Schulwirklichkeit ist nicht möglich, wird als Illusion in Rollentheorien genährt. Allenfalls. So, als ob die Schulakteure sich in rollenhafter Inszenierung verhalten könnten, ohne davon getroffen zu werden. Spuren hinterläßt das unter den Bedingungen einer immer noch harschen Schul-Herrschaft. Sie sind an den Körpern zu verfolgen.

In Kapitel 5 versuche ich, die Wandlungen der Schul-Herrschaft zu zeichnen. Die Schulen sind keine Militäranstalten, keine düsteren Strafanstalten mehr. Schul-Herrschaft erscheint kaum noch in Verboten, in Bestrafungen. Ist sie deshalb aufgehoben?

Viele Didaktiker, die an den gesellschaftlichen Fortschritt glauben, behaupten das. Ich versuche das Gegenteil zu beweisen.

Daß die alten Exekutionsformen der Schul-Herrschaft verschwinden, bedeutet nicht, daß sie selber sich auflöst. Es gibt neue, andere Formen, in denen sie erscheint.

Wie sehen sie aus?

Kapitel 6 ist die Darstellung eines einzigen Fragezeichens. Wenn sich Schul-Herrschaft nicht auflöst, sich vielmehr im gleichen Zug, in dem sie sich unsichtbarer macht, totalisiert, was können die Schul-Akteure dann noch tun?

Ausbrechen? Der Ausbruch hat alltägliche Formen. Und er wird, von Lehrern und von Schülern, täglich vollzogen: leise, kaum sichtbar.

Als lärmende Revolte, kollektiv und organisiert, findet er nicht statt. Manchmal als Revolte einzelner. Dagegen sind die institutionellen Möglichkeiten freilich leicht ins Spiel gebracht.

Was noch?

1
Die Erkenntnis entsteht
in den Subjekten

Die Erkenntnis entsteht in den Subjekten

Angefangen hatte alles mit hochschuldidaktischen Gedanken.[1] Mir war aufgefallen, daß wir Hochschullehrer dazu neigen, Lehrer-Studenten, die mit dem Studium beginnen, wie theorielose Nichtswisser zu behandeln. Dabei sind sie voller Erfahrungen, die sie als Schüler schon lange mit der Schule gemacht haben. Diese können zurückgeholt, wieder aktualisiert werden – Material für einen fortdauernden Theoretisierungsprozeß, als welcher sich das Studium dann auslegen kann.

Ich hatte im Sommersemester 1980 die Studienanfänger aufgefordert, sich an ihre Schülerzeit zu erinnern und kleine Geschichten aufzuschreiben. Manche, die fertige Theorien zum Schulunterricht erwartet hatten, waren erschrocken und verließen die Seminare. Andere fingen an, mit wachsender Neugier sich ihrer Erfahrungen mit der Schule zu vergewissern.

Die aufgeschriebenen Geschichten waren empirisch gehaltvoll nur selten. In ihnen wurde mit vagen Begriffen über Ereignisse raisonniert, wurden ihnen pädagogische Bedeutungen beigemessen, ohne daß sie selbst noch beschrieben worden wären.

Unzufrieden mit solcherlei abstrakt-unverbindlichem Schreiben begann ich, die Veranstaltungen schärfer um erinnerte Szenen zu zentrieren. Die Studenten sollten ihre Erinnerungen auf Szenen einstellen, deren Details so genau beschreiben, daß sie spielbar gewesen wären.

Schließlich hatte ich einige Hundert solcher szenischer Rekonstruktionen gesammelt. Ich entdeckte in ihnen ein fast gleiches Grundthema. Zwar änderten sich in den Geschichten die Handlungsorte, die Umgebungen, die Personen, die Accessoires, doch erkennbar blieb das Thema. In den Schulen zwingt sich die Lehre dem Lernen auf. Sie ist Herrschaft, Lehr-Herrschaft. Als Herrschaftssystem baut die Schul-Lehre nicht auf der freiwilligen Zustimmung der Schüler auf. Zu wenig Sinn kann sie sich verschaffen. Zustimmung zur Lehr-Herrschaft geben Schüler nur selten. Normal ist, daß ihre Zustimmung gewaltförmig herbeigeführt wird.

Die Techniken gewaltförmiger Inszenierung der Lehr-Herrschaft ändern sich in der Geschichte des Schulunterrichts. Sie sind schließlich kaum noch zu erkennen.

In dem Maß, in dem ich an der These von der gewaltförmigen Inszenierung der Schul-Lehre arbeitete, verließ ich das ursprüngliche Interesse am hochschuldidaktischen Experimentieren und verfolgte zunächst in weiteren Veranstaltungen die These. In der Konfrontation mit dem Erinnerungsmaterial wurde sie entwickelt – ein Prozeß, der sich spiralförmig strukturierte. Theoriestücke, undifferenziert noch, Vermutungen, Gedankensplitter werden in das Material importiert. Der Vorgang differenziert die theoretischen Stücke und schließt zugleich die Szenen in ihrer über das einzelne hinausgehenden allgemeinen Struktur auf. Menschen, Lehrer, Schüler erscheinen dann wie Figuren, die nach allgemeinen Mustern handeln. Ihre Handlungen, gleich in welchem Kontext ausgeführt, ähneln sich, wenn die oberflächlichen Einzigartigkeiten weggewischt werden. Es ist schließlich möglich, die vielen Szenen zu Schulstunden zusammenzusetzen, von deren Ablauf alle sagen: Genau so ist der Schulunterricht, den wir 13 Jahre erfahren haben, täglich gewesen.

Es gibt kein offizielles Handbuch, keine mir bekannte Didaktik, in der der Schulunterricht so entworfen wird. Und doch gibt es eine Struktur. Sie scheint in der Institution bereitzuliegen, wird von den Menschen in ihr aufgenommen und quasi durch sie hindurch, in ihren Handlungen täglich neu inszeniert – erfahrbar und der Wahrnehmung zugänglich gemacht.

Die im Schulunterricht inszenierten Handlungsfiguren sind den Akteuren keineswegs äußerlich, so als ob sie beliebig ausgetauscht oder verändert werden könnten. Sie sind gelernt worden in einem Prozeß, in dem sie nach innen, in die Subjektivität der Akteure eingewandert, Teil von ihnen geworden sind.[2]

Wie passiert das? Ich habe die Frage mit Lehrern am Material, das die Studenten geschrieben hatten, verfolgt. Antworten darauf entwickelten sich in der Form biographischer Rekonstruktionen.

Die biographischen Rekonstruktionen waren wie Ausflüge, wie Entdeckungsreisen, die mehr verrieten über die Frage, wie das, was als generalisiertes Handlungsmuster existiert, in uns hineingeraten ist.

Allgemein und von bestimmten biographischen Ereignissen abgesehen: Gelernt wird in kritischen Phasen, in Zeiten, in denen das Ich labil geworden ist, in bedrohlicher Situation sich befindet. Das sind Situationen, in denen das Ich leicht aufgibt in dem Versuch, sich zu entwerfen, und sich unkenntlich macht in der Übernahme gesellschaftlich sanktionierter Figuren, die von vielen in gleicher Weise schon geteilt werden. Das Sich-Anschließen an Bedeutungen, die von vielen geteilt sind, gibt notwendige Sicherheit.

Und das vermittelt sich szenisch. Die Lehrer, mit denen ich eine Weile arbeitete, konnten Szenen, Ereignisse, die biographisch bedeutsam geworden waren, detailliert skizzieren.

Darin freilich unterschieden wir uns: Kaum einer der Lehrer teilte meine Neugier, möglichst viele solcher Szenen zurückzugewinnen, sie umfassend und so genau wie möglich zu beschreiben. Zu beunruhigend war die aufkeimende Erkenntnis, daß Vieles von dem, was wir alltäglich tun, generalisierten Mustern folgt. Für die Lehrer brennend war nicht die analytische, auf weitere Erkenntnis gerichtete, sondern die praktische, die normative Frage: Will ich, kann ich so weiter handeln, wie ich es gelernt habe?

Die gedankliche Entwicklung, die ich zusammen mit Studenten und Lehrern in szenisch-biographischen Rekonstruktionen voranbrachte, provozierte fast ständig diese Frage. Mit ihr vermittelt sich der rekonstruktive Verstehensprozeß in einen praktischen Verständigungsprozeß. Die Vermittlungen sind wichtig.

Über den Arbeitsprozeß mit den Studenten und den Lehrern, über die Vermittlungen zwischen Praxis und Theorie, zwischen praktischer Subjektivität und wissenschaftlicher Objektivität, die ihn zeichneten, möchte ich eine fast programmatische Bemerkung machen.

Material sind die in szenischer Verdichtung geschriebenen Erinnerungsgeschichten. Die Geschichten sind keine quasi-neutralen Berichte; sie sind subjektiv, enthalten Erfahrungen mit der Schule, die die Schreiber nicht unberührt gelassen haben; sie enthalten subjektive Berührungen. Verletzungen, Verwirrungen, Verwundungen sind nicht herausgefiltert. Im Gegenteil. Sie bestimmen die Schreibperspektive.

Die Auseinandersetzungen der Leser mit den Geschichten waren nicht weniger subjektiv. Vieles provozierte zu weiterer Erinnerung, zu Mitteilung von sonst im Wissenschaftsbetrieb leicht Ausgestoßenem, Ausgeklammertem.

Der Arbeitsprozeß brachte subjektives Material hervor. Das war eine Seite, die praktische. Sie war zentral, für viele die einzige. Es ging darum, den Arbeitsprozeß als Selbstverständigung voranzutreiben, ihn um die Frage kreisen zu lassen: Wie bin ich in der Geschichte mit der Schule geworden? Wie bin ich im Kontext institutioneller Schul-Herrschaft als Subjekt geworden? Und: Will ich so existieren? Anders? Wie? Die andere Seite war mit der einen verbunden. Es ging um Theoretisierung des Materials. Der Arbeitsprozeß strukturierte sich empirisch förmlich notwendig immer auch als Theoretisierungsprozeß. Das Theoretisieren des Materials als Importierung von Thesen, Gedanken, Vermutungen mußte nicht erst normativ eingeführt werden; es zwang sich auf. Ohne Theoretisierung hätte sich das subjektive Material gar nicht erschließen können. Der praktische Prozeß der Selbstverständigung wäre zum Ende gekommen.

Umgekehrt freilich konnte Gleiches nicht gelten: Die Entfaltung des Theoretisierungsprozesses, durch welchen erst die importierten Thesen differenziert wurden, ergab sich nicht von selbst. Der Theoretisierungsvorgang mußte immer wieder gerettet werden. Zu mächtig drückte die subjektive, die praktische Seite des Arbeitsprozesses.

Manches ist mißlungen, viel Unbefriedigendes bleibt. Doch ich bin sicher: Der Weg ist gut und wissenschaftlich auch legitim. Es geht um die Verbindung der subjektiven, praktischen und der theoretisierenden Seite von Arbeitsprozessen. Die theoretisierende Seite, welche auf der Differenzierung von Gedanken besteht, sie in der Konfrontation mit empirisch gehaltvollem Material entwickelnd, sichert Objektivität in einem freilich nicht empiristischen Sinn.

Gegen die mächtige Sogwirkung, welche die praktische, auf Verständigung zwischen den Subjekten zielende Seite des Arbeitsprozesses herausfordert, freilich ist immer wieder auf Theoretisierung zu bestehen; genauer auf ihrer Entfaltung als systematischem Prozeß. Sonst generiert sich Objektivität nicht, sondern gleitet der Arbeitsprozeß in die therapeutische Praxis gruppendynamischer Selbsterfahrung oder in die alltagspraktischen Formen des Erfahrungsaustausches bei Kaffee und Bier.

Das Theoretisieren selbst bleibt auf die praktische Seite bezogen. Der Zusammenhang von praktischer Selbstverständigung und Theoretisierung reißt durchaus nicht ab. Das Theoretisieren behält praktische Funktion, sofern seine Begriffe die Situationen, die Szenen aufklären – und zwar derart, daß das Allgemeine entdeckt wird, als welches eine Struktur erscheint, die, wenn von allen Einzelheiten, von allem Individuellem, Persönlichen abstrahiert worden ist, übrig bleibt – nicht als Rest, sondern als Kern, der bestimmt; als Tiefe, aus der hervorgetrieben wird, was auf der Ebene des empirisch Beobachtbaren als Einzigartigkeit erscheint. Das Allgemeine zu entdecken; darum geht es beim Theoretisieren. Das ist Objektivierung mit praktischer Funktion. In der Verallgemeinerung entdecken die Subjekte sich selbst und die Problemlagen, in denen sie mit anderen identisch sind. Sie können dann feststellen: Deine Lage ist wie meine, wenn wir von den Einzelheiten abstrahieren. Und umgekehrt gilt: In der praktischen Arbeit, im Prozeß der Selbstverständigung ist das Theoretisieren immer schon angelegt. Seine Entfaltung sichert Objektivität.

Das alles ist kein Subjektivismus. Als solcher wird der Prozeß zu häufig verstanden.[3] Es ist dies ein verhängnisvolles Mißverständnis im Wissenschaftsbetrieb, durch das eine aussichtsreiche Perspektive wissenschaftlichen Arbeitens zerschlagen wird.

Die Zerschlagung wird keineswegs extern ausgeführt. Im Gegenteil. Vorfälle um Dissertationsarbeiten in Berlin, Hagen, Flensburg, Köln und an anderen Hochschulorten zeigen das. Es gibt eine borniert, die Wissenschaftsentwicklung verzerrende Praxis der Ausgrenzung von Versuchen, das heikle Problem der Vermittlung von Subjektivität mit wissenschaftlicher Objektivität produktiv, mindestens methodisch unkonventionell zu lösen.[4]

Es geht nicht um die Einführung von Subjektivismus in die Wissenschaft. Es geht darum, die Subjekte in sie einzuführen als Träger von biographischen Erfahrungen, welche den Stoff der Wirklichkeit enthalten; und es geht darum, den Stoff zu entfalten – praktisch und theoretisch, in einem einzigen Akt.

Methodische Grundoperation ist das Verstehen. Es vollzieht sich nicht ohne, schon gar nicht gegen die Teilnehmer an dem Arbeitsprozeß.[5]

Der Verstehensprozeß organisiert sich immer vom Standort eines Subjekts aus, das verstehen will. Der Interpret, als welchen wir das verstehenwollende Subjekt bezeichnen, organisiert die Erkenntnis nicht quasi-objektiv von einem Standort außerhalb seiner selbst. Es ist gerade so, daß das Fremde, das Andere immer schon von ihm gedeutet wird auf der Basis von Bekanntem, Vertrautem. Das gilt für das alltägliche Interpretieren und auch für das wissenschaftliche. Den wissenschaftlichen Interpreten öffnet sich nicht weniger die fremde Szene erst, wenn sie Identisches, nicht in den Details, sondern in den die Szene bestimmenden Grundmustern, bei sich selbst, in ihren Lebensgeschichten entdecken. Das Verstehen fremder biographischer Szenen hat als notwendige Voraussetzung das Verstehen der eigenen Lebensgeschichte. In diesem Sinn ist Selbstreferenz, die Bezugnahme auf sich selbst, methodische Bedingung für den wissenschaftlichen Verstehensprozeß. Er ist nicht nur nicht außerhalb, sondern gerade im Zentrum der verstehenwollenden Subjekte, in ihren Lebensgeschichten, in den Geschichten, in denen sie fortwährend sich selbst entwerfen, zu verankern.

Übrigens gilt die Umkehrung dem Grundsatz nach ebenso: Selbstverständigung, Selbstaufklärung hat zur Bedingung die Auseinandersetzung, die Konfrontation mit dem Fremden. Methodisch freilich ist für unseren Zusammenhang diese Umkehrung unerheblich. Festzuhalten ist: Der Verstehensprozeß ist subjektiv, sofern er nicht von den verstehenwollenden Subjekten abstrahieren kann, sondern gerade auf ihnen aufbaut.

Die Formel von der Einführung der Subjekte in die Wissenschaft soll deutlich machen, daß Verstehensprozesse ohne die sie tragenden Subjekte gar nicht möglich sind.

Dies soll nicht zu dem Mißverständnis führen, daß in der Formel der Objektivitätsanspruch wissenschaftlichen Arbeitens aufgelöst wäre. Im Gegenteil. Ich behaupte, daß Objektivität erst dann einzulösen ist, wenn der Arbeitsprozeß die Irritationen der ihn tragenden Subjekte systematisch aufnimmt. Das sensible Aufmerken darauf ist Grundlage für Verstehensprozesse, in denen Objektivität sich in der Weise ergibt, daß die Teilnehmer sich über bedeutsame Themata austauschen und über die Wahrnehmung signifikanter, d.h. bei allen so oder ähnlich anzutreffenden Erfahrungen, zu einem Begriff von den Bedingungen gesellschaftlichen Existierens gelangen können. Objektivität stellt sich über die Subjekte her, die sich in ihren Wirklichkeiten entdecken; nicht durch deren Eliminierung.[6]

Im Zusammenhang eines methodisch so geregelten Arbeitsprozesses sind Materialien in der Form von szenisch-biographischen Geschichten entstanden und wurden zugleich Begriffe, Kategorien für deren Theoretisierung entdeckt.

Auf beidem beruht die Entwicklung des vorliegenden Buches: auf der subjektivierenden Wirklichkeitspräsentation in der Form von Geschichten wie auf der objektivierenden Aneignung, ihrer begrifflichen Durchdringung in der Form der Theoretisierung. Weder aus dem einen noch aus dem anderen habe ich selbst mich herausgehalten.

Das letztere, die Einmischung in den Theoretisierungsvorgang, die Entwicklung einer Form objektivierender Aneignung der Wirklichkeit, war mir nicht fremd. Darin kannte ich mich aus. Probleme entstanden kaum; eher Faszination, die von einem Denken ausging, das von praktischen Problemen angetrieben wurde und auf sie zurückführte – nicht mit Lösungsambitionen, eher mit der Ambition des Begreifens. Denken in praktischer Funktion.

Das erstere, die subjektivierende Form der Wirklichkeitsaneignung war mir fremd. Im Alltag kannte ich sie, doch nicht als wissenschaftliche Verarbeitungsform. Probleme ergaben sich zunächst für mich. Sie lösten sich auf, da mir deren Bedeutung für eine zwar nicht neutrale, doch auf Objektivierung zielende Theoretisierung der Wirklichkeit klarer wurde. Dies spiegelt sich nicht weniger in den Texten. Ich will nicht verheimlichen, daß diejenigen Textpassagen, in denen ich mich selbst darstelle, Subjektives, Biographisches berichte, mir nicht ohne weiteres durch die Feder geflossen sind. Das ist auch als Datum zur Diagnose des Zustandes unserer Wissenschaft zu werten.

2
Weggenommene Stimmen
Bewegungen im Raum
Gewaltlos ist in den Blicken
die Gewalt

Weggenommene Stimmen

Ich kann mich nicht erinnern, daß die Stimme zu meiner Schülerzeit eine nennenswerte Bedeutung gehabt hätte. Zu randständig war sie. Als Schüler waren wir gewöhnt, kurz und knapp zu antworten. Ein-Wort-Sätze waren üblich. Wichtig war die Richtigkeit der Aussagen.

Die Ausdrucksmächtigkeit, die Aussagekräftigkeit der Stimme selbst war ohne Belang. Daß der Klang der Stimme, die Lautstärke, die Klangdichte in einem unmittelbaren, nicht lösbaren Zusammenhang mit der Person des Sprechenden steht, mit Anspannungen, Entspannungen, mit Ent- und Verkrampfungen; daß die Stimme Ausdruck von Resignation, Freude, Trauer ist, das alles erfuhr ich nicht als Schüler. Als Student war mir diese Erkenntnis schon bruchstückhaft gekommen. In großen, übervollen Hörsälen sich zu Wort zu melden, war mit schweren Problemen verbunden. Angstschweiß, das dumpfe Gefühl, sich lächerlich zu machen, den Dozenten spötteln zu hören, der Hörsaal lachend – Hypotheken aus der Schulzeit. Dies zu überwinden und die Hand zu heben. Doch die Worte blieben im Hals stecken, im trockenen Hals. Die Stimme wurde rauh, leicht zitternd verriet sie Erregung. Und immer neu, bei jeder Wortmeldung diese Anstrengung. Das Leiden an der Situation artikuliert sich in der Stimme.

Als junger Lehrer war ich sensibel für die stimmlichen Möglichkeiten und entdeckte sie an meinem Mentor. Seine harsche, laute Stimme füllte den Klassenraum. Die Schüler schienen wie gebannt, unfähig, sich gegen die Übermächtigkeit zu wehren. Auffallend ruhig ist es in den Schulklassen gewesen, in denen seine Stimme regierte.

Mikrofone haben eine ähnliche Funktion. Die aus Lautsprechern tönende Klangflut vermittelt den Hörern das Gefühl der Ausgeliefertheit an den Klang.

Ich bemerkte das auf einer Sitzung von Sportfunktionären. In dem nicht sehr großen Raum waren die Lautsprecher in der Decke installiert. Die Stimme des Sprechenden fiel von oben auf die Zuhörer herab. Alle, die zum erstenmal damit konfrontiert wurden, konnten sich einer sie beschleichenden Ohnmacht nicht entziehen. Später gewöhnte man sich daran. Die Technik perfektioniert, womit der Mentor schon taktisch hantierte: die Stimme als Kontrollinstrument. Häufiger hat er mich aufgefordert, lauter zu reden; ja, das Reden zu üben – am Strand mit Steinen im Mund.

Ich versuchte, in den Schulklassen mit der Stimme zu experimentieren. Was ich erfuhr: Die stimmlichen Möglichkeiten sind Teil der Person, von ihr nicht wegzunehmen, um sie instrumentell im Sinne der Erreichung von Schulzielen zu verwenden. Am wenigsten ist die Stimme belehrbar, herauszuschneiden aus der Körperlichkeit und den mit ihr verbundenen Empfindungen. Sie ist als Variable zur Steuerung, Kontrolle von Unterrichtssituationen nur in Grenzen trainierbar.

Andererseits tobt der Kampf mit der Stimme um so stärker. Die auferlegte Zügelung verlangt von den Lehrern eine sonore, immer gleichförmige Stimme, die Aufwallungen, Empfindungshaftes gerade nicht verrät. Und der Zwang zur Kontrolle der Situation dirigiert die Stimmqualität. Lernen muß der junge Lehrer, den Kampf um die Stimme zu gewinnen. Sonst wäre er verloren. Die Stimme ist das wichtigste Instrument, über das ein Lehrer verfügt.

Gedankenexperimentell können wir das leicht prüfen: Was kann ein Lehrer noch tun, wenn ihm die Stimme ausfällt?

Was die Stimme befällt, befällt den Lehr-Körper insgesamt. Die Ausdrucksfunktion wandelt sich in Kontrollfunktion – teilweise. Ausdrucksfunktion bleibt, wird jedoch überlagert von Kontrollfunktionen. Wie? Welche Konflikte zeigt das an? Wie wird die Transformation gelernt?

Heiko, Hauptschullehrer, 43 Jahre, erzählt:

Das fängt alles schon an, wie er in die Klasse hereinkommt. Da hat er schon gewonnen oder verloren. Es macht einen Unterschied, ob er entschlossen kommt oder zögernd; ob er die Tasche zügig auf den Tisch legt und sofort die erste Frage losschießt oder zweifelt und nicht recht weiß; ob er vorne stehenbleibt und in die Klasse blickt oder sich in eine Ecke stellt, um abzuwarten . . .

Zwei studentische Protokolle einer Eingangsszene mit Heiko bestätigen: Heiko, im festen Bewußtsein der Kampfsituation, stellt sich hart und entschlossen dar, den Schülern signalisierend, daß er sie alle in der Gewalt hat.

Robert hat in das Protokollbuch notiert:

Ab 10.05 Uhr in der Klasse 8b. Lärmende Jungen. Die Mädchen verhalten sich ruhig. In die Unruhe hinein tritt der Lehrer. Alle werden darauf aufmerksam, weil die Tür zuknallt. Der Lehrer strebt seinem Pult zu, wirft die Tasche darauf. Die Klasse ist schon ruhig geworden, der Lärm jedoch noch nicht ganz verstummt. Der Lehrer blickt auf, läßt die Augen durch den Raum schweifen. Jeder hat das Gefühl, beobachtet zu sein. Jetzt schreitet er gemessen vom Pult fort und auf die Klasse zu, bleibt stehen und stellt die erste Rechenaufgabe.

Kein Geschrei, keine Eingangszeremonie. Robert hat den Eindruck, daß alle zügig, ohne große Erregung im

Raum zur Sache gekommen sind.

Ingrid berichtet davon, wie der Lehrer sich jedesmal verwandelt, wenn er die Schwelle zur Schulklasse überschreitet.

Im Lehrerkollegium erlebt sie ihn während der Pausen gesprächig, gelöst – und häufiger schallend laut lachen. Sein Lachen ist unüberhörbar, wirkt auf sie ansteckend. Sie sieht, wie er auf seinem Stuhl hin- und herwippt. Und immer wieder ist da sein helles Lachen.

Dann der Eintritt in die Schulklasse. Ingrid ist sich mit einigen Mitbeobachtern der Szene einig: Das ist eher ein Auftritt, ein Aufmarsch. Ein fast ausdrucksloses Gesicht, eine monoton gewordene Stimme. Geradlinige Bewegungen. Unmöglich, sich vorzustellen, daß er sich auf den Stuhl setzte und schaukelte; unmöglich, daß er laut lachte.

Ingrid hat Angst, wenn sie sich vorstellt, daß ihr auf dem Weg zum Lehrberuf der ganze menschliche Reichtum an Ausdrucksmöglichkeiten abhanden kommen könnte . . .

Wie kommt das zustande? Ich suche Antworten auf die Transformation von Körpern in Lehr-Körper, von Stimmen in Lehr-Stimmen.

Das kann als Lernprozeß verstanden werden, der sich über kritische Ereignisse vermittelt.

Als kritisches Ereignis bezeichne ich Situationen, in denen die gewohnte, für gut, für normal befundene Identität ins Wanken gerät, bedroht wird, der Gefahr der Zerstörung ausgesetzt ist. Solche biographischen Ereignisse bleiben im Gedächtnis haften.

Ich frage Heiko nach kritischen Ereignissen. Die Protokolle haben ihn erschüttert. Er nimmt sich in der Wahrnehmung anderer wahr – eine Art Verfremdung seiner Alltagspraxis. Er setzt sich auseinander, akzeptiert schließlich die Protokollbeobachtungen.

Wie er das gelernt hat? Wann und mit welchen Schubkräften? Zurück geht alles auf ein kritisches Ereignis während des Lehrerstudiums.

Als Sportlehrerstudent hatte Heiko im 4. Semester eine Unterrichtsstunde, die erste, zu halten. Die Kommilitonen sitzen aufgereiht auf einer Bank in der Turnhalle, während er zum Auftakt eine Gerätebahn gebaut hat. Er denkt: Die Schüler, die ich nicht kenne, werden sogleich die Halle betreten, dem Aufforderungscharakter der unterschiedlich zusammengestellten Geräte folgen und in die entsprechend vorgezeichneten Bewegungen geraten. Er ist sicher – nach allem, was er gehört hat. Er steht an einem strategisch für die Observation und zugleich für Hilfestellungen günstigen Punkt. Die Schüler, ungefähr 30 Elfjährige, erscheinen aus den Umkleidekabinen. Er erwartet sie. Zwanzig Kommilitonen beobachten gespannt die Szene und ihn, den vermeintlichen Strategen, den Lenker.

Plötzlich bricht Lärm in die Halle ein. Er weiß nicht, wie schnell das alles vor sich gegangen ist. Die Schüler fangen an zu laufen; schreiend stürzen sie in die Halle, bemerken weder seine Gerätebahn noch ihn; rennen an ihm vorbei, auf die an den Hallenwänden aufgehängten Leitern zu, klettern an ihnen hoch; andere laufen schon auf die von ihm für die letzte Unterrichtsphase bereitgelegten Bälle zu und fangen an, sie durch die Halle zu werfen. Immer mehr versammeln sich um die Bälle. Er steht hilflos da. Zu schreien wagt er nicht, das wäre didaktisch schlecht. Andererseits muß er handeln – schließlich bekommt er eine Note. Was also? Alternativen fand er nicht.

Ein traumatisches Ereignis. Bis alle Schüler schließlich auf sein Thema versammelt waren, war schon alles zu

Ende. Note: schwach ausreichend.

Der Dozent belehrte ihn. Pfeife oder Tamburin sind unentbehrliche Kontrollmittel für den Lehrer. Vor jeder Unterrichtsstunde muß den Schülern die Bedeutung des Signals in Form scharfer Exerzitien erneut verdeutlicht werden. Erst dann, wenn du sicher bist, alle zu beherrschen, kannst du mit dem Unterricht anfangen.

In labilisierter Situation prägt sich das ein. Nicht die konkreten Hilfestellungen. Sie werden vergessen. Das Grundmuster bleibt: die Schüler in den Griff bekommen, sie zähmen, dressieren auf unbedingten Gehorsam in der Form der Reaktion auf bestimmte Signale. Das Grundmuster reaktualisiert sich jeden Tag neu, wenn er die Schulklassen betritt. Es prägt sich bis tief hinein in seine Körperlichkeit – in seine Bewegung, in die Augen, in den Gestus. Ihre Spezifik wurde gewonnen durch das Lernen am »Erfolg«.

Karola, 35 Jahre, Hauptschullehrerin. Sie hat, wie viele Lehrerinnen, Probleme mit der Transformation ihrer Stimme. Ihr gelingt die Lehr-Stimme nicht. Sie müßte scharf artikulieren, langsamer sprechen und laut. Lautstärke vor allem kann sie nicht in der nötigen Gleichförmigkeit durchhalten. Das strengt zu sehr an. Die Unfähigkeit zur Lehr-Stimme erzeugte täglich kritische Ereignisse, als sie Referendarin war und noch nicht über kompensatorische Mittel verfügte.

Der Lärmpegel in den Schulklassen, in denen sie unterrichtete, stieg stetig bis zu einem Punkt, an dem ihre Stimme unterging, sie kaum noch von einem Schüler wahrgenommen werden konnte.

Nur eine Möglichkeit blieb ihr, um die Herrschaft in der Schulklasse wieder herzustellen: die Stimme. Sie schrie schrill. In der fast sich überschlagenden Stimme war ohnmächtige Wut.

Die Unfähigkeit, ihre Stimme in eine Lehr-Stimme zu wandeln, trieb Karola in Situationen der Hilflosigkeit. Sie wollte ihre Stimme als Teil ihrer selbst erhalten – und sie konnte auch nicht anders. Sie wollte sich nicht in der entfremdeten Klanggestalt einer Kontrollstimme begegnen. Sie suchte also nach anderen Instrumentarien. Es gibt in Schulklassen keine Alternative zur Lehr-Herrschaft. Nur die Instrumentarien sind austauschbar. Das hängt von den persönlichen Vorlieben, von Neigungen und vom Können der Lehr-Herren ab.

Ihre Stimme weigerte sich. Karola fand andere Instrumentarien. Das war ein über mehrere Jahre sich erstrekkender Vorgang. Referendarzeit – Zeit, in der das Instrumentarium gelernt wurde:

– Scharfe und systematische Kontrolle von Hausaufgaben.

Die Kontrolle hat nicht nur didaktischen Sinn. Vor allem soll sie durch Demonstration des Überprüfungsmonopols die Bereitschaft der Schüler erzwingen, der Schul-Lehre zuzustimmen.

– Peinlich genaue Ordnungskontrollen.

Die Kontrollen sind ohne didaktischen Sinn. Sie richten sich nicht auf die Ordnungen ihres Lernsinns wegen; allein ihr Disziplinierungssinn ist wichtig. Nicht der funktionale Sinn der Ordnungen für das Lernen der Schüler steht zur Debatte. Es geht umgekehrt um die Funktionalisierung der Schüler für die in der Schule geltenden Ordnungen. Es gibt Kleiderordnungen, Schreibordnungen, Sprechordnungen, Sitzordnungen, Zeitordnungen, Klassenordnungen, Schulordnungen. Die Ordnungen regeln umfassend die Handlungen der Schüler.

Karola weiß inzwischen: Wer die Schüler in den Schulordnungen halten kann, hat selten Probleme.

Karola hat ihre Lernzeit lange abgeschlossen. Sie wendet ihre Instrumentarien heute, 10 Jahre danach, professionell an. Das ist die sichere Grundlage ihres Alltagshandelns. Die Stimme ist die ihre geblieben. Nur noch selten wird ihre Lage so aussichtslos, daß sie schreien muß.

Das Lernen von Kontrollinstrumentarien, die ohne didaktischen Sinn sind, ist Karola schwergefallen. Das war kein äußerlicher Vorgang. Sie hätte das Instrumentarium gar nicht annehmen können, wenn sie nicht zugleich Abschied von den Pädagogenbildern genommen hätte, die ihr buntfarbig und lebendig gemalt worden waren. Der Abschied war schmerzhaft, belastend auch.

Wer will schon lernen, sich selbst in einer Arbeit anzunehmen, die vor allem repressiv ist? Kinder, Schüler sind ruhigzustellen, zu zähmen, auf Ordnungen zu verpflichten. Die tägliche Hauptarbeit richtet sich gegen die Schüler. Sie findet nicht mit ihnen statt. Gemeinsamkeit wird zur Illusion. Der Abschied davon führt in die Gegnerschaft. Der Schulunterricht hat durchaus Züge von Grabenkriegen. Beide Seiten haben sich eingerichtet.

Karola hat das vor allem an den ihr abgepreßten Transformationen der Stimme erfahren. Sie hat sich dagegen gewehrt zu schreien. Schreien wollte sie nicht, und sie mußte es doch. An Einzelszenen kann sie sich nicht erinnern. Doch sicher ist sie sich des Gefühls, das sie damals bestimmte: ausgeliefert und hilflos zu sein, getrieben bis in die Würdelosigkeit.

Das brachte ihr Lernen mächtig voran. ihre Stimme, Ausdruck ihrer selbst, wollte sie behalten, in der Konfrontation nicht verlieren. Dafür wollte sie alles gewinnen, wenn es nur zur Kontrolle der Lehrsituation taugte.

Heiko ist ein gutes Demonstrationsobjekt, wenn wir die Stimmtransformation beim Eintritt in die Schulklassen beweisen wollen; wenn wir zeigen wollen, wie der

Körper zum Lehr-Körper, die Stimme zur Lehr-Stimme wird. Bei Karola können wir Transformationen nicht erkennen.

Der Lehralltag hat die Stimme nicht verändert; doch er hat Karola verändert. Die Stimme bietet keinen Beweis für ihre Transformation; nicht einmal einen Hinweis. Eine Stimme, deren Klanggestalt außerhalb des Schulraumes kaum anders ist als drinnen. Vielleicht ein wenig leiser, vielleicht weniger artikuliert, vielleicht ein wenig schneller.

Heiko und Karola unterscheiden sich. Und doch kommen beide überein. Karola muß, weil ihr die Lehr-Stimme versagt, andere Sicherungssysteme entwickeln. Die Systeme sichern ihr die Lehr-Herrschaft.

Heiko versagt die Stimme nicht. Sie ist in ihrem immer gleichen harten Klang Teil des Sicherungssystems. Sie füllt monotonisch den Raum und bannt die Schüler fest.

Worin Karola und Heiko übereinkommen: Beide haben aufgehört zu schreien. Lehr-Herrschaft erscheint nicht im Geschrei. Kaum mehr. Geschrei entlarvt sie als das, was sie nicht mehr ist: Herrschaft, die auf der Willkür der Lehr-Herren beruht. Sie erscheint inzwischen eher in bürokratischen Formen als regelmäßige, in gleichen Takten wiederkehrende Exekution: gefühllos, formalistisch, inhaltsleer.

Das hilft den Exekutoren. Nicht nur, weil sie sich in legalisierter Herrschaftsbahn bewegen. Wer schreit, fällt da heraus. Er fällt nicht nur aus der Legalität. Auch fällt er aus den ihn, seine Subjektivität sichernden bürokratischen Herrschaftsregelungen. Er erscheint dann sozusagen frei; offen für den Angriff, der von der anderen Seite erwartet wird. Geschrei ist kein Herrschaftsinstrument. Es enthüllt die Hilflosigkeit, ein Stück Subjektivität. Als Subjekte im Schulunterricht wollen Lehrer nicht erscheinen. Das Gefühl dominiert, dann angreifbar, ja vernichtbar zu sein.

Die bürokratische Form der Lehr-Herrschaft ist vielen Lehrern willkommen nicht nur, weil sie legalisierte Herrschaft ist; sie ist auch die scheinbar einzige Sicherung gegen die Anfechtungen, die von einer kriegerischen Schülerschaft fortlaufend ausgehen.

Latent bleibt der Wunsch, die versteckte, die weggenommene Subjektivität wiederzugewinnen, das verlorene Ich im Schulszenarium noch einzuholen. Hier und da jedenfalls.

Es gibt Ausbrüche. Der Versuch auszubrechen ist Teil, nicht zufälliger, sondern konstitutiver Teil des Alltags. Er ist eine Art von Eruption, welche die Monotonie der Stimmen funktionalisierter Subjekte durchbricht. Das ist keine Revolte, schon gar keine Revolution. Der Ausbruch ist alltäglich und ist als Teil des Alltags selbst als Ausbruch kaum wahrnehmbar. Alfred bemerkt:

Er dokumentiert sich im gelegentlichen Ausbruch, daß er noch Ich ist. Wie er ausbricht?

– Indem er sich aus der Lehrersprache befreit und so spricht, wie er das außerhalb der Schule tut;

– wenn er in bestimmten Situationen herzlich lacht – gegen jede didaktische Überlegung;

– indem er sich kleidet, wie er es möchte;

– schließlich, wenn er mit einer Schulklasse ad hoc etwas ganz anderes tut, als dies im Lehrplan vorgesehen war . . .

Der kleine Ausbruch ist Alfreds Version, die Schul-Herrschaft zu tragen: die kurze Wut, das knappe Auflachen, das Wort aus der Alltagssprache, der Jeans-Look.

Es ist nicht nur Alfreds Version. Viele Lehrer schließen sich an. Ihr Ausbruch hat Funktion. Er ist unwesentlich, unauffällig und stört den Schulrahmen nicht einen Augenblick. Andererseits: Er erleichtert die Lehrsubjekte, macht sie wieder funktionstüchtig als Amtsträger in einem bürokratisch organisierten Dienstleistungsbetrieb.

Bewegungen im Raum

Norbert Vorsmann nennt die Bewegungen der Lehrer im Klassenraum Lokomotion.[7] Sie sind keineswegs zufällig. Ich wurde durch Alfreds Beschreibung zuerst auf die Funktionalität der Lokomotion aufmerksam:

»Die Klasse 7 c ist äußerst unruhig, unkonzentriert. Störungen, die einen fast konstanten Lärmpegel herstellen, sind derartig häufig, daß schon mancher Lehrer in dieser Klasse aufgegeben hat. Überhaupt ist der ständige Lärmpegel derart hoch, daß mir der Kopf oft zerspringt . . .

Ich fixiere mich räumlich nicht vor der Klasse, sondern bewege mich außen um sie herum. Es sind immer dieselben Bahnen, in denen ich mich bewege; und ich bleibe auf bestimmten Positionen stehen. Sie sind durch besonders unruhige Tischgruppen markiert, die ich durch meine Anwesenheit sozusagen bedrohen kann. Eine größere Gruppe von zehn Schülern kann ich gleichzeitig auf meinem Gang mit den Augen fixieren. In dieser Gruppe ist immer etwas los. Jedenfalls meine ich, diese Gruppe im Auge haben zu müssen – eine Art von Selbstschutz . . .«[8]

Alfred wirkt massiv, ist mehr als 1,90 m groß. Als Jugendlicher hat er schon erfahren, daß seine Körpergröße andere beeindruckt; daß ihm Autoritätserwartungen entgegengebracht werden; sie erdrückten ihn, da er sich mit alten Autoritäten auseinandersetzte, diese allererst loswerden wollte.

Wenn sich der Große auf andere zubewegt, sich ihnen nähert, spürt er die Macht, die von ihm, von seinem Körper, ausgeht; die anderen müssen sich wehren; oft gelingt das nicht. Im Klassenraum bewegt er sich geradewegs dorthin, wo es brennt – und er weiß, der Brand erlischt. Seine Auf-Zu-Bewegungen, die er im Krisenfall ausführt, reichen aus. So ist er ständig unterwegs.

Über Sigrid, 32, 1,59 m groß und zierlich, vermerken die Protokollanten:

Sie hat sich während der ganzen Stunden nicht hingesetzt. Auch dann nicht, als sie im Geschichtsunterricht eine Geschichte vorlas. Das Vorlesen schafft eigentlich eine Situation, in der Lehrer sich setzen könnten. Sigrid wirkt komisch gerade in dieser Situation, verkrampft.

Überhaupt fiel allen Protokollanten auf, daß Sigrid sich fast kaum hinter ihrem Pult vorwagte. Sie steht dahinter, die Arme vor der Brust gekreuzt oder leicht vornübergebeugt und die Arme auf das Pult gestützt. So, als ob das Pult eine Art Bollwerk wäre, das gegen die Schüler errichtet ist. Die Protokollanten haben sie nur einmal während der zwei Stunden den Platz verlassen sehen: Sie ließ einen Test schreiben. In dieser Situation wanderte sie durch die Reihen und guckte den Schülern über die Schultern auf ihre Blätter.

Sigrid bestätigt die Beobachtungen. Sie lehnt sie nicht ab, ist auch nicht erschrocken. Sie weiß, daß sie sich defensiv verhält, keine Auf-Zu-Bewegungen vollzieht, sondern sich verschanzt und hinter ihrer Schanze agiert, den Schülern signalisierend: Ich greife euch nicht an; laßt ihr also mich auch in Frieden.

Die meisten Schüler sind um Köpfe größer als sie, sagt sie. So beginnt sie ihre Geschichte:

Vor drei Jahren erlebte sie auf dem Schulflur, wie eine ältere Kollegin, um die 60 Jahre, einen Fünfzehnjährigen maßregeln wollte. Er hatte sich während der Schulpause nicht auf dem Hof, sondern im Gebäude aufgehalten. Geradewegs marschierte sie auf den Jungen los, stand dicht vor ihm und forderte ihn im scharfen Ton auf, das Haus zu verlassen. Der Junge grinste sie von oben herab an und bewegte sich nicht. Darauf sprang die Lehrerin förmlich hoch, um ihn zu ohrfeigen. Der Junge, grinsend noch, griff ihr Jacket mit einer Hand und drückte sie soweit zurück, sie gleichzeitig festhaltend, daß sie sich nicht mehr bewegen konnte.

Sigrid, die in einiger Entfernung zugeschaut hatte, fand die alte Dame in einer komischen, ja lächerlichen Situation. Sie selbst tut alles, solche Situationen zu vermeiden. Sie versucht, den Schülern nicht zu nahe zu kommen.

Die Logik ihrer Lokomotion ist der von Alfred völlig entgegengesetzt – in ihrer empirischen Erscheinungsform. Und doch sind beide von einem identischen Muster bestimmt. Reaktionen in einer Szenerie latenter Gewalt, in der für den einen der Angriff und für die andere die Selbstverteidigung sinnvoll geworden ist.

Petra, 29 Jahre, agiert von einem anderen Standort aus. Alfred und Sigrid hatten noch den für sie vorgesehenen, den institutionellen Standort übernommen und zum Ausgangspunkt ihrer Bewegungen gemacht: das Pult, sichtbar für alle vor der Schulklasse. Sie kehren dorthin zurück, planen von dort her ihre Bewegungen im Raum.

Den Protokollanten fiel auf:

Petra schlendert während des Unterrichts häufiger durch den Klassenraum und postiert sich an der rückwärtigen Wand. Der Standort im Rücken der Schulkasse macht Petra unsichtbar, zugleich unkalkulierbar in ihren Aktionen.

Petras Standortwahl hat Methode. In allen Klassen, durch die sie von den Protokollanten begleitet wird, wiederholt sich die Szene: In ein paar den Unterricht eröffnenden Zügen werden Lernaufgaben formuliert und den Schülern plausibel begründet. Materialien werden verteilt, mit denen die Schüler meistens zu zweit arbeiten können. Mit dem beginnenden Arbeitsprozeß wandert Petra an die Rückwand des Schulraums und überwacht, fast immer stehend und in Distanz zu den Schülern bleibend, den sich entwickelnden Sprechverkehr.

Sie mahnt, ruft zur Ordnung, regelt, sobald die Schüler lauter werden, sich von den Materialien abwenden, sich in nicht zielgerichtete Aktivitäten verwickeln.

Petra fällt ihr Bewegungsmuster erst in der Konfrontation mit den Protokollen auf. Sein funktionaler Sinn war ihr verborgen. Warum sie das institutionelle Angebot nicht annimmt, von vorne aus zu regieren?

Sie ist 1,80 m groß, doch sehr schlank, zerbrechlich fast. Wenig Angst einflößend ist ihr Körper. Sie kann ihn nicht instrumentalisieren. Sichtbarkeit hat keinen funktionalen Sinn; eher das Gegenteil.

Die Unsichtbarkeit verunsichert die Schüler. Niemand weiß, wo sie sich aufhält, was sie beobachtet. Doch jeder fühlt sich überwacht. Gerade ihre Unsichtbarkeit ist Bedingung für das Funktionieren des Überwachungssystems. Und ihre Unhörbarkeit. Aus dem Rückraum entwirft sie ihre Bewegungshandlungen. Es sind manchmal Schleichgänge. Sie erscheint neben einem Schüler, taucht auf, ohne daß er sie gehört hat. Sie schreitet nicht, richtet sich nicht auf; sie duckt sich eher, kommt auf leisen Sohlen.

Petra akzeptiert das institutionelle Bewegungsangebot nicht. Das Pult ist nur Deponierort, nicht Zentrum, von dem aus sie ihre Bewegungen in den Raum entwirft.

Sie verlagert sich aus der Sichtbarkeit, verabschiedet sich aus dem Scheinwerferlicht der Gegen-Beobachtung und sucht ihren Ort in der Unsichtbarkeit.

Die Muster ihrer Lokomotion nehmen die institutionelle Stanzung nicht auf – und doch folgen sie deren

Zweck. Die Unsichtbarkeit, Unhörbarkeit ihrer Bewegung hat den gleichen funktionalen Sinn wie die Sichtbarkeit, in der Alfred und Sigrid ihre Bewegungen vollziehen.

Petra verbreitet unter den Schülern Angst, wie Beute erlegt zu werden. Dem Jäger, der sich aus dem Hinterhalt anschleicht, korrespondiert auf der Seite der Gejagten das Gefühl, dauernd getroffen zu werden.

Die alte Dompteurpraxis, frontale Blickrichtung, unerschrockene Auf-Zu-Bewegung, dennoch Sicherheitsabstand, wie Alfred sie noch inszeniert, wird von Petra aufgegeben. In beiden Fällen jedoch geht es um das gleiche: die Herrschaft der Lehre über das Lernen unproblematisch zu sichern in einer Situation, in der Zusammenhang stiftender Sinn sonst nicht mehr zu beschaffen ist.

Ein Jahrhundert vorher war das Katheder in Schulklassen sichtbare Zentrale der Lehr-Herrschaft. Das Katheder und seine Funktion sind aufgelöst. Genauer muß ich sagen: Die Funktion der Überwachung der Schulklasse erhält sich zwar, doch verliert sie ihre örtliche Bindung. Eine Zentrale ist nicht mehr eindeutig auszumachen. Die Lehr-Herren scheinen nicht mehr greifbar, nicht mehr erkennbar zu sein. Sie bewegen sich. Ihr Zugriff wird unkalkulierbar, da sie selbst kaum mehr zu beobachten sind. Nur Sigrid bleibt in der alten Zentrale – freilich nicht mit Überwachungsabsichten.

Die im 19. Jahrhundert geltenden Regeln machen den Unterschied deutlich:

– Nie verlasse der Lehrer seinen Standort hinter dem Katheder. Nur von dort ist wie von einem erhöht liegenden Beobachtungsposten die Schulklasse ganz zu beobachten.

– Möglichst bleibe der Lehrer stehen. Er hüte sich vor Hin- und Herbewegungen.

– Bewegungen vollziehe der Lehrer nur in der Form von Auf-Zu-Bewegungen.[9]

Die Bewegungen von Lehrern im Raum haben Tradition. Doch es gibt auch Neues. Neu, scheint mir, ist vor allem die Auflösung des Katheders als dem für alle sichtbaren Bewegungszentrum. Mit seiner Auflösung verliert die Überwachungsfunktion ihren festen Ort. Sie wird ubiquitär. Freischwebend wird sie ungreifbarer, doch für die Schüler zugleich bedrohlicher.

Dem entsprechen Änderungen im Raumarrangement. In den Schulklassen gibt es keine festgefügten Bankreihen mehr. Neue Arrangements haben sich verbreitet. Häufiger sind die Schulklassen in kleinen Tischgruppen organisiert. Der didaktische Sinn ist klar. Doch das alte Überwachungssystem taugt dafür nicht. Es muß sich ändern, um das neue Arrangement zu überstehen. Die Mobilisierung der Schülerschaft, die unübersichtlicher und vielschichtiger werdenden Aktivitäten im Raum, welche der didaktische Sinn erzeugt, verlangen andere Kontrollformen.

Die Anweisungen des 19. Jahrhunderts, die Regieanweisungen für Bewegungen von Lehrkörpern im Raum sind inzwischen umzuschreiben:

– In unüberschaubaren Klassenräumen lösen sich die Lehrer vom Pult. Das Pult als Zentrum des Überwachungssystems ist überflüssig geworden.

– Am Pult halten sich die Lehrer nur auf, wenn dies arbeitstechnisch notwendig ist (zur Ablage von Büchern, Heften; zu Eintragungszwecken . . .).

– Die Lehrer bleiben möglichst immer in Bewegung. Ihre Bewegungsbahnen im Raum sollen nicht prognostizierbar sein. Sonst wären sie von den Schülern auszurechnen.

Mobilität der Lehr-Körper. Neuer Überwachungsmechanismus in mobiler werdenden Schulklassen? Versuche, didaktischen Sinn im Schulunterricht zu gewinnen und ihn doch als Überwachungssystem zu erhalten? Eindeutig ist die Entwicklung nicht.

Gewaltlos ist in den Blicken die Gewalt

Der Blick ist eines der wichtigsten Mittel zur Selbstbehauptung. Vor allem aber ist er ein Herrschafts- und Distanzierungsmittel. Mit ihm glauben viele Lehrer, alles unter Kontrolle halten und sich vor Angriffen schützen zu können. Der Blick verleiht ein Gefühl unvergleichlicher Machtfülle. Denn gegenüber allem und jedem reißt er Distanzen auf und hält auf Distanz. Weil sich ihm alle Personen und Dinge in dem Raum, den er durchmißt, gleichmäßig als Objekte darbieten, kann sich der Blick zu einem immateriellen Kontrollmechanismus entwickeln, dem nichts zu widerstehen scheint. Gerade wegen seiner Immaterialität taugt er zum Mittel der Herrschaftsausübung. Denn er ist gewaltlos, ohne deswegen machtlos zu sein.

Keine Herrschaft kann darauf verzichten, sich den paradoxen Umstand in irgendeiner Form zu Nutze zu machen, daß der gewaltloseste Sinn zugleich die größte Machtentfaltung erlaubt. Vielleicht sind Blicke neben der Sprache die einzige Dimension sozialen Handelns, in der ein Machtanspruch gewaltlos aufzutreten vermag. In jeder anderen wäre er zumindest auf Gewaltandrohung als ein Mittel, sich durchzusetzen, verwiesen.

Alfred erzählt:

»In der Klasse 7 muß ich als Dompteur agieren. Ich fühle mich in einer ständigen Kampfsituation, in der ich als Person herausgefordert werde, und auf die ich zu antworten habe.

Eine Möglichkeit, sich zu wappnen, ist der harte Autoritarismus. Er ist eine Form der Gegenwehr. Das will ich einerseits nicht, muß andererseits verkappt autoritär handeln. Das ist vor allem eine Art Dompteursarbeit, die Schüler nicht aus den Augen zu lassen, ihnen das Gefühl zu geben, ständig in einer beobachteten Situation zu sein . . .

Der Ausdruck Dompteur ist keineswegs übertrieben. Es sind alle Verhaltensmuster des Dompteurs . . . zu realisieren: die Schüler im Auge behalten, sie mit Blicken und Gestik kontrollieren. Das ist so. Daran gibt es in der Hauptschule kein Vorbei. Das kostet Kraft und ändert die Situation selbst nicht. Die Störungen, die verkappte Angriffe auf den Unterricht selbst sind, können nicht verhindert, nur reduziert werden – und zwar so, daß Unterricht wenigstens möglich ist . . .«[10]

Ein Schüler spielt die folgende Szene:

Die Tür zur Schulklasse wird forsch aufgerissen, ein Lehrer tritt ein, schlägt die Tür zu und bleibt stehen. Er dreht den Kopf langsam und fixiert mit hartem Blick einen jeden Schüler.

Dann – die Augen sind weiter auf die Schulklasse gerichtet, sich jetzt rascher von einem zum anderen bewegend – schreitet er zum Pult und sagt: »Schön, dann wollen wir mal.«[11]

Ich lese die Fallgeschichten meiner Studenten und finde viele Hinweise. Es scheint so: Der Lehrer-Blick, seine nicht nur reglementierende, kontrollierende, sondern seine bedrohliche, ja vernichtende Bedeutung, wird von Schülern gerade zu Beginn des Unterrichts erfahren, an dem er sich mit der Stimme und den Bewegungshandlungen zu einem Ritus zusammenfügt, der täglich die Gewalt der Institution über die Schülerschaft neu und mächtig beschwört:

Der Lehrer betritt den Raum, besetzt das Pult. Alle Schüler werden ruhig. Das Pult ist der Ort, von dem aus der Lehrer Monopolgewalt zelebriert. Er öffnet das Notenbuch, dessen deutlichste Kennmarke, blickt in die Runde. Sein Blick ist mehr oder weniger ausdauernd, beharrlich, gezeichnet von dem Wunsch, die Situation monopolisierter Verfügungsgewalt selbst wahrzunehmen und wahrnehmen zu lassen. In der nächsten Minute wird sein Blick einen bestimmten Schüler fixieren. Er wird zum Prüfling, zum Kandidaten, über den nach öffentlicher Prüfung das Urteil gefällt wird. Es kann ihn vernichten.

Birgit versucht, sich so unauffällig wie möglich zu verhalten. Sie wagt nicht, ihre Blicke mit denen des Lehrers zu kreuzen. Sie senkt die Augen, tut so, als ob sie in der Tasche sucht. Der Blick des Lehrers wandert über jeden – langsam. Birgit ergreift die Flucht nach vorn, blickt schließlich den Lehrer geradewegs an; die Taschenkramerei erscheint ihr zu verdächtig. So konstituiert sie, um sich zu retten, mit den Augen eine Kommunikationssituation, die sie in Wahrheit gar nicht will: Doppelbödigkeit, welche die Gewalt hervorbringt.

Ähnliches ist aus der Geschichte von Kerstin zu erfahren:

Wenn der Lehrer hereingekommen war und sich am Pult aufgebaut hatte, schweiften seine Blicke über die Schulklasse. Für Kerstin war es unmöglich, ihn anzublikken. In der Erwartung, daß der Blick des Lehrers sie traf und an ihr hängen blieb, wurde sie nervös. Die Hände, ja selbst die Füße wurden feucht. In ihrem Kopf kreiste nur ein Gedanke: »Bloß nicht mich, bitte, bitte nicht mich!«

Eigentlich brauchte sie keine Angst zu haben; denn die Vokabeln, die der Lehrer abfragte, hatte sie immer gelernt. Sie konnte auch kurzfristig gut behalten und wiedergeben.

Wenn der Lehrer sie aufrief, mußte sie nach vorn an die Tafel kommen und sich in eine Kolonne weiterer Mitschüler einreihen. Der Lehrer stolzierte von einem zum anderen und fragte ab. Beim Abfragen blieb er stehen, näherte sich dem Kandidaten und blickte ihn scharf an.

Zu ihr mußte sich der Lehrer herabbeugen. Er kam meistens sehr nahe. Kerstin konnte sich nicht mehr konzentrieren. Sie spürte seine Blicke und einen Zwang zurückzustarren. Sein Blick ekelte sie. Wenn er sich auf sie richtete, verkrampfte sich ihr Körper. Sie versuchte sich abzuwenden, auszuweichen. Doch wohin? Nirgends hätte sie sich verstecken können.

Sie legte dann meistens eine Hand an ihr Gesicht, um etwas zwischen sich und den Lehrer-Blick zu bringen, um sich zu schützen. Wenn der Lehrer die Befragung beendete und weiterschritt, sein Blick sich fortrichtete, entspannte sie sich wieder.

Ein Zittern, wenn auch schwach, in den Gliedmaßen blieb, selbst nachdem sie sich wieder auf ihren Platz gesetzt hatte . . .

Die Augen des Lehrers sind also Teil eines Kontroll- und Überwachungssystems, dessen beobachtende Funktion mit der disziplinierenden verbunden ist.

In den Augen lebt noch die äußerlich aufgelöste Disziplinargewalt fort.

Sie unterscheiden sich von Augen in helfenden Institutionen. Die Augen des Arztes beobachten, rastern den Körper nicht, um zu strafen. Die Augen des Psychologen, der Analytiker, der Therapeuten suchen nach den Spuren der Seele, die nach außen treten, der Beobachtung zugänglich sind. Ihre Augen werden in einer heilenden, nicht in verletzender Funktion wahrgenommen.

Ihnen kann man sich anvertrauen, sich öffnen; soviel wie möglich kann sichtbar werden.

Vertrauen in die Augen besteht in der Schule nicht. Die Tendenz ist stark, sich zu verbergen, aus ihrem Blickfeld zu verschwinden.

Gert, Hauptschullehrer, 32 Jahre alt, bestätigt den Lehr-Blick, seine Funktion.

Schüler müssen sich fortwährend kontrolliert, beobachtet fühlen. Sonst springen sie über Tische und Bänke. Das gelte als eiserne Regel mindestens für Hauptschulen. Für Gert werden Schulsituationen prekär, wenn die Augen ihre disziplinierende Funktion nicht mehr erfüllen. Das sind jene Situationen an der Wandtafel, da er den Schülern den Rücken zukehrt, während er einen Text schreibt.

Er hat inzwischen gelernt, die Situation derart zu strukturieren, daß die Schüler sich noch hinreichend beobachtet fühlen. Er steht mit zur Hälfte verdrehtem Körper zur Schulklasse hin; signalisiert, daß er auf dem schnellen Sprung zu den Schülern hin ist, um sie zu überraschen. Er schreibt nur noch kurze Texte, Merksätze auf. Lange sind die Schüler nicht ruhig zu halten. Er ruft einzelne Schüler zur Ordnung; dokumentiert, daß er, auch wenn die Augen ausfallen, die Situation kontrolliert.

Die Techniken hat er rasch gelernt, nachdem die Schulklassen einige Male aus den Fugen geraten waren. Er realisierte, daß fast regelmäßig der Lärmpegel in Schulklassen steigt, wenn dem Lehrer der Kontrollblick ausfällt; daß Etuis fliegen, Briefe weitergereicht, Grimassen geschnitten werden; daß gelacht wird. Es ist, als ob all das, was durch den Kontrollblick gezähmt wird, all die das Schul-Lernen störenden Bewegungen, mit einem Mal, wie ein plötzlicher Sturm, losbrechen.

Gert war froh, als an seiner Schule Overhead—Projektoren angeschafft wurden. Technologie erleichtert Lehrern die Schülerüberwachung.

Für Gert gibt es seither kaum noch prekäre Situationen. Er kann schreiben, zeichnen, und während seine Bilder,

Texte hinter ihm an der Wand erscheinen, richtet er den beobachtend-disziplinierenden Blick auf die Schulklasse.

Sonja, 31 Jahre, berichtet von der Angst, sich umzudrehen. Sie fühlt sich hilflos, wie ausgeliefert, wenn sie die Augen von der Schulklasse fortziehen muß. Nicht nur beim Schreiben an der Wandtafel. Sie erledigt das möglichst schon vor der Unterrichtsstunde, schreibt Texte schon in den Pausen an die innere Tafelwand und klappt die äußere darüber. Das Geschriebene kann ohne Verzögerung den Schülern vorgeführt werden. Sie spürt die Hilflosigkeit und zugleich eine aggressive Bereitschaft, sich zur Schulklasse zu verhalten, schon, wenn sie von einem einzelnen Schüler beschäftigt wird. Die von ihr geforderte Aufmerksamkeit hält sie ab; hält vor allem ihre Augen ab. Bedrohlicher noch sind Vorgänge, die sie zur Klassentür hinbringen: Eltern, die eine Sprechstunde vereinbaren wollen; Schüler, die ihr einen Brief bringen; der Hausmeister mit dem Runderlaß.

Dann fühlt sie sich selbst als Beobachterin außer Kraft gesetzt, hört schon den ansteigenden Lärmpegel, entwirft das Bild einer aus den Fugen geratenden, in wilder Panik auseinanderstiebenden Schulklasse, die sie nicht wieder einfangen kann.

Andererseits, selbst beobachtet, mag sie aggressive Impulse, von denen sie bewegt wird, nicht unverstellt in die Schulklasse entlassen. Das steigert nur ihre Angst.

Sie war noch Praktikantin, studierte im 4. Semester. Sie unterbrach die Unterrichtsstunde, die sie ohne Gegenwart des Mentors, des Klassenlehrers, abhielt. Sie hatte Materialien, aufwendig vorbereitet, in ihrem Auto liegengelassen und wollte sie holen. Einen Moment lang nur waren die Schüler unbeobachtet. Sie hatte gerade die Tür des Autos abgeschlossen, als sie die Schüler entdeckte. Sie rannten, stürzten mit Geschrei auf den Schulhof, auf dem sie sich verteilten. Die Klingel beendete den Unterricht, noch bevor sie ihn hatte fortsetzen können. Sonjas beobachtender, strenger Blick ist seitdem allgegenwärtig.

Von der Anstrengung, die das erfordert, hat sie das Bedürfnis, sich zu erholen. Die Pause hat Bedeutung. Rekreation der müde werdenden Augen; aus dem Lehrerzimmer hinaus einen Blick auf die Bäume werfen. Von ihnen geht keine Bedrohung aus. Der Blick kann sie aufnehmen, entspannt.

Die Schüler sind nicht wie Bäume. Sie wachsen nicht in ein eingestanztes Muster. Das Muster legt Entwicklungsmöglichkeiten fest. Kinder sind Chaoten; sie springen bei jeder Gelegenheit aus den für sie präparierten Entwicklungsmustern heraus, zerstören die die Entwicklung gründenden Ordnungen, greifen sie an.

Sonja betrachtet sich als Agentin, die die Chaotisierung eines geordneten Entwicklungsprozesses zu verhindern hat.

Sie selbst ängstigt sich schon vor den bloßen Anzeichen eines ausbrechenden Chaos. Weil Kinder den chaotischen Impuls in sich tragen, ängstigt sie sich vor den Kindern.

Der Überwachungsblick, der sich nicht mehr von den Kindern wendet für die Dauer einer Unterrichtsstunde. Tiefliegende Angst vor der Unordnung, vor dem Noch-Nicht-Gezähmten, dem Wilden bringt ihn hervor. Legalität erhält er als Technik der Herrschaft durch den institutionellen Auftrag. Der Überwachungsblick, der fortwährend auf den Schülern ruht. In ihm liegt eine Totalitätstendenz begraben.

Dem entspricht ein Raumarrangement am besten, das den Gesprächskreis imitiert. Die Anordnung der Tische folgt der Form des Hufeisens oder, eckiger, der des Karrees. Vorn in der Öffnung das Lehrpult. Das Arrangement ist dominant in den Schulklassen, erscheint in unterschiedlichen Versionen.

Es konserviert das alte Zentrum der Lehr-Herrschaft, das Podest vor der Schulklasse, in veränderter Raumlandschaft.

Und es totalisiert die Überwachung. Nichts entgeht mehr den Lehr-Blicken. Die Körper der Schüler sind den Blicken geöffnet; sind nicht mehr versteckt hinter den Rücken ihrer Nachbarn und verborgen in kräftig-undurchsichtigen Bankreihen.

Der Kontrollblick wird fast total bei der hufeisenförmigen Anordnung der Tische. Heimlich kann nichts mehr geschehen. Kein Brief kann weitergereicht, keine Papierschwalbe kann geworfen, kein Schienbein kann getreten werden.

Kein kommunikativer Akt, der nicht unter den Augen des Lehrers vollzogen werden müßte.

Geringen Schutz nur gibt noch der Tisch. In der Hufeisenform entwickelt sich die alte Bankreihenordnung fort. Das Katheder schwindet als sichtbare Zentrale der Lehr-Herrschaft. Und doch wird der überwachende Zugriff auf die Schüler größer. In den Anordnungsversionen der Hufeisenform sind sie, ist die Sprache ihrer Körper der registrierenden Beobachtung fast vollendet unterworfen.

3
Die Lehr-Herrschaft steht nicht in Frage
Zur Funktion
alltäglicher Interpretationsarbeit

Die Lehr-Herrschaft steht nicht in Frage.
Zur Funktion alltäglicher Interpretationsarbeit

Wenn einer als neuer Lehrer kommt, macht er Erfahrungen. Sie werden verarbeitet, organisiert derart, daß sich das Umfeld klärt und der Neue darin handlungsfähiger wird.[12] Seine Handlungen leiten sich nicht aus einem vorgefertigten Konzept ab, sie stehen im Zusammenhang mit der Art, wie er die Erfahrungen, die er macht, verarbeitet. Das alte Lamento darüber, daß die, die von den Hochschulen kommen, mit den gelernten Theorien brechen, sobald sie in die Schulpraxis eintreten, hat darin eine einfache Erklärung. Das praktische Schulhandeln wird nicht aus akademischen Theorien abgeleitet, ist nicht deren Anhängsel. Es entwickelt sich aus den Erfahrungen und der Art ihrer Organisation. Die Rede, mit der die Alten die Neuen oft einweisen: »Nun vergessen Sie Ihre schönen Theorien. Sie werden schon bald erfahren, daß die Praxis anders ist!«, ist empirisch gehaltvoll in dem Sinn, daß sie unterstellt: die Erfahrung ist mächtiger, beunruhigender auch. Sie ist das entscheidende Medium, in dem sich das alltägliche Handeln ausbildet. Die Rede vom Vergessen der schönen Theorie ist freilich grob und trifft zwei Nuancen nicht.

Die erste Nuance: Es wird angenommen, daß akademische Theorien bedeutsame Erfahrung nicht enthalten. Tatsächlich ist aber in ihnen Erfahrung schon organisiert – wenngleich kodiert in oft formalisierten Symbolsystemen. Das hat mit dem Interesse zu tun, Theorien in einem allgemeinen Sinn Geltung zu verschaffen. Ihr Anspruch auf Geltung kann um so umfassender, universell endlich formuliert werden, je weiter sie von situativen Kontexten, von individuellen Besonderheiten, von Zufälligkeiten, von Sperrigkeiten abstrahieren. Im Abstraktionsprozeß verliert sich zugleich die konkrete Erfahrung, die gerade die alltägliche Handlungspraxis bestimmt. Der Gegensatz von schöner Theorie und praktischer Erfahrung besteht daher nicht als Gegensatz von Erfahrungslosigkeit und Erfahrung, sondern als Unterschied in der Art der Verarbeitung von Erfahrung.

Die zweite Nuance: Es wird angenommen, daß der Erfahrungsprozeß selbst theorielos wäre. Tatsächlich wird er aber von Interpretationen begleitet, werden in ihm zuerst versuchsweise und später mit größerer Gewißheit Theorien exponiert, die ihn organisieren, ihm eine Richtung geben. Die Theoretisierung der Erfahrung wird nur als solcher Vorgang nicht verstanden. Sie wird, verwoben im Erfahrungsprozeß und auf ihn unmittelbar bezogen, als theoretische Tätigkeit nicht entdeckt. Deshalb auch können Lehrer den Gegensatz von Theorie und praktischer Erfahrung behaupten. Der Gegensatz besteht jedoch nicht als einer von Theorie und Theorielosigkeit, sondern wiederum nur als Unterschied in der Bearbeitungsweise von Erfahrung, als Differenz in der Art der Herstellung von Theorie. Ich behaupte dabei nicht, daß der Unterschied qualitativer Art wäre. Vielmehr werde ich zu zeigen versuchen, daß der Operationsmodus der alltäglichen Organisation von Erfahrung mit dem der akademischen Organisation auf weiten Strecken identisch ist. Ich behaupte, daß sich Differenz nur aus dem Anspruch auf Geltung ergibt. Der universelle Geltungsanspruch akademischer Theorien ist in Alltagstheorien ersetzt durch einen bestimmt begrenzten. Alltagstheorien erweisen sich als praktisch gerade nicht, indem sie das Konkrete ausklammern, sondern sich darauf beziehen: auf *diese* Schulklasse, auf *diese* Schule, auf *diesen* Schüler, auf *dieses* Lehrerkollegium. Die Differenz ist also gradueller Natur und ergibt sich aus dem Grad der Bezogenheit auf alltägliche Handlungssituationen und die in ihnen bewegten Probleme. In der Art der Bearbeitung von Erfahrung dagegen sind Unterschiede nicht existent.

Wie werden Erfahrungen mit der Schule organisiert? Erfahrungen macht jeder und ständig. Das Erfahrene wird gewichtet, in Zusammenhänge gebracht, in Rangordnungen klassifiziert. Von der Art dieser Tätigkeiten hängt am Ende der Horizont dessen ab, was einer erfährt. Von ihnen hängt ab, ob sich der Prozeß der Erfahrung stillstellt, ob neue Erfahrungen nur noch durch die alten im Sinne des »das habe ich immer schon aus der Erfahrung gewußt« bestätigt werden oder: ob der Prozeß der Erfahrung in Bewegung gerät, zu einem Lernprozeß wird:

Lehrer besitzen ihre Erfahrungen mit der Schule, die auch von anderen Kollegen geteilt werden. Alfred, Heike, Peter, Heiko können sich wechselseitig, auch wenn sie an unterschiedlichen Orten arbeiten, ihre Erfahrungen bestätigen. Das beruhigt, weil die Erfahrungen der anderen die eigenen nicht in Frage stellen. In dem Maß, in dem Erfahrung sich organisiert, werden die Neuen sicherer, verlieren heimliche Selbstzweifel, fühlen sich weniger belastet. Das alles entwickelt sich in der Zeit. Ich versuche, mir das vorzustellen:

– Zu Beginn, da der Neue noch kein festumrissenes Profil seiner Tätigkeit besitzt, offen, auch unsicher ist, wie er sich als Lehrer situieren soll, befindet er sich in einem Zustand des Experimentierens im neuen Tätigkeitsfeld.

– Er versucht, den Anregungen, die das Studium ihm vermittelt hat, zu folgen. Dabei erfährt er sein Scheitern.

Das Scheitern im Klassenzimmer ist ein belastender Vorgang. Das Selbstwertgefühl wird angegriffen, wenn Schüler sich weigern, dem neuen Lehrer zu folgen; wenn sie andere Aktivitäten entwickeln als die, die er für begründet gehalten hat. Er fühlt sich verletzt, da er die Aktivitäten der Schüler als Angriffe auf seine Person erlebt. Er fühlt sich nicht ernstgenommen und beginnt, sich eine professionelle Panzerung zu schaffen, an der jeder Angriff abprallt.

– Seine Handlungen werden rigider, bündiger. Entscheidungen werden nicht mehr zur Disposition gestellt, sondern mit verfügbaren Instrumenten durchgesetzt. Das Instrumentarium der bündigen Durchsetzung lernt der Neue entdecken und situativ anzuwenden. Die erfolgreiche Durchsetzbarkeit wird zum organisierenden Kriterium seiner weiteren Erfahrung.

– Schließlich verallgemeinert er die Erfahrungen und faßt sie in einem Satz von Regeln zusammen. Mit der Entwicklung eines solchen Regelsatzes beginnen sich die Erfahrungen aus der unmittelbaren Handlungspraxis abzulösen. In der Ablösung erhält er den Charakter eines fixen Schemas, das die Erfahrungen im Schulbereich selbst organisiert.[13]

Es scheint dann, als ob sich der Erfahrungsprozeß stillstellt. Das Lehrer-Ich hat einen festen Panzer erhalten. Einmal ausgebildet in der Perspektive, in jeder Situation die Oberhand zu behalten und alle potentiell bedrohlichen Vorgänge zu unterbinden, beginnt die Alltagserfahrung sich zu wiederholen in einem fest gewordenen Rahmen, den das Organisationsschema, der Panzer, absteckt.

Die Art, wie Erfahrungen organisiert werden in der Form einer professionellen Alltagstheorie, ist nicht einzigartig. Sie wird so oder ähnlich von vielen Lehrern geteilt. Der Organisationsprozeß folgt einem allgemeineren Schema, das offenbar überindividuell ist; unabhängig von den Personen, die die Erfahrungen machen. Es ist insoweit ein alltägliches Schema, dessen Operationsmodus ich das analytische Interpretieren genannt habe.[14] Seine Kennzeichen:

– Es werden universalisierende Aussagen über Gleichförmigkeiten gemacht, die in der Handlungspraxis erfahrbar sind. Die allgemeinen Aussagen haben die praktische Funktion, erfahrene Gleichförmigkeiten zu erklären und auf dieser Grundlage zukünftige Gleichförmigkeiten vorherzusagen. Lehrer brauchen die prognostische Potenz ihrer Aussagen, weil sie die im Alltag notwendige Handlungssicherheit vermitteln.

– Die Interpretation menschlicher Tätigkeit als Ausdruck von Regelhaftigkeit macht den Bezug auf Strukturen, die stabil und nicht veränderbar sind, zwingend. Die analytische Interpretation muß unterstellen, daß gesellschaftliche Wirklichkeit sich gesetzmäßig bewegt, daß diese Bewegung als Co-Variation eines Ereignisses mit einem regelmäßig auftretenden Folgeereignis erscheint.

– Die vermeintlichen Stabilitäten werden in ihren vielfachen Vermitteltheiten durch menschliche Tätigkeit nicht wahrgenommen. Die Gesetze und die mit ihnen gedachten Regelmäßigkeiten bedürfen ja selbst der Erklärung. Erfahrene Regelmäßigkeiten sind keine letzten Tatbestände, sondern selbst Ergebnis der historisch gewordenen allgemeinen Struktur der Regelung menschlicher Lebenspraxis. Die analytische Interpretation klammert den Charakter empirischer Regelmäßigkeit als sozial induzierte Regelhaftigkeit aus; d.h.: sie wird nicht auf Praxiserfahrungen zurückgeführt, in denen gesellschaftliche Bedingungen menschlicher Tätigkeit und erfahrene soziale Beziehungsmuster sich spiegeln. Sie kann daher den

Prozeß der Stabilisierung von Regeln und die darin wirkenden Bedingungen nicht rekonstruieren und nimmt als Natur, was tatsächlich gesellschaftlich konstruiert worden ist.

Die prognostische Potenz der analytischen Interpretation ermöglicht die funktionale Regelung sozialer Prozesse. Für die Schule gilt eine unumstößliche Grundregel: daß die Schüler lernen, was die Lehrer lehren. Die Exposition dieses besonderen Lehr-Lern-Zusammenhangs bewirkt in der institutionellen Praxis täglich neue Probleme. Der Zusammenhang stellt sich nicht nur nicht naturwüchsig, gleichsam von selbst her; er wird durch die Schülerschaft vielmehr auf breiter Front verneint, da sie Formen des Widerstands gegen die Lehre ausbilden. Ein innerer Zusammenhang in dem Sinn, daß aus Lehre das Lernen folgt, besteht in der Schule nicht. Andererseits muß die faktische Existenz dieses Zusammenhangs überhaupt vorausgesetzt werden, weil sonst die Schule in ihrer gegenwärtigen Form keine Rechtfertigungsbasis hätte.

Dies ist eine paradoxe Situation, in der Lehrer Lösungsformen entwickeln, um den Zusammenhang von Lehren und Lernen als äußerlichen herzustellen und zu erhalten. In dieser Perspektive sammelt sich prognostisches Wissen an. Es ist seiner Funktion nach Wissen von Handlungen, mit denen die Schul-Lehre gegen den Widerstand der Schülerschaft zur Geltung gebracht werden kann. Lehrer wissen, was sie zu tun haben, wenn sich Signale des Widerstands zeigen.

Die Formen gewaltförmiger Durchsetzung der Lehre gegen den Widerstand der Schüler, die Formen der Herstellung eines äußeren Lehr-Lern-Zusammenhangs also, haben sich mit der Liberalisierung des alten Schulanstaltsrechts im Verlauf des 20. Jahrhunderts von den Arten offener Gewaltausübung in Variationen versteckter Gewalt umgeformt. Die Insignien der Lehrgewalt sind verschwunden, doch nicht der schulförmige Modus der gewaltförmigen Herstellung von Lehr-Lern-Zusammenhängen. Er ist schwerer zu identifizieren, weil er sich versteckt: Die Gewalt des Rohrstocks, mit der die Loyalität der Lernerschaft offenkundig gesichert werden mußte, erscheint verändert, ist in die Lehr-Körper hineingewandert.

Der reglementierende Lehrer-Blick, die Formen der Lokomotion, die Modulationen der Stimme sind die praktischen Handlungsformen prognostischen Wissens, deren Inhalt sich historisch von offenen zu eher milden Formen der gewaltförmigen Auseinandersetzung gewandelt hat. Ihre Funktion ist, den schulförmigen Lehr-Lern-Zusammenhang äußerlich zu sichern. Erscheinungsformen von Widerstand gegen die Schul-Lehre sind Anlaß ihrer Anwendung. Wir können feststellen, daß das prognostische Wissen als Produktion analytischen Interpretierens

– interessiert ist an der technischen Beherrschung sozialer Prozesse. Es wird immer dort aktiviert, wo sich Widerstand anmeldet;

– gegenüber der Legitimität von Herrschaft sich gleichgültig verhält. Es hat sie als unbefragte Voraussetzung immer schon akzeptiert: Die Herrschaft der Lehre ist die unbezweifelte Grundlage für die Entwicklung prognostischen Wissens. Insoweit ist die analytische Operation, deren Produktion es ist, immer schon herrschaftsförmig.

Widerstand gegen die Schul-Lehre wird also wahrgenommen, doch nur als Kraft, die ihre Herrschaft bedroht. Mit dem Widerstand, der nurmehr als externe Störbedingung verstanden wird, zugleich wird ausgegrenzt, was ihn hervorbringt: gesellschaftliche Erfahrungen von Schülern, die durch die Schul-Lehre nicht aufgenommen werden; subjektive Situationsdeutungen als Niederschläge gesellschaftlicher Entwicklung; gesellschaftliche Veränderungen im Lebenszusammenhang von Kindern/Jugendlichen; Veränderungen in der Qualifikationsstruktur; Krisen des Beschäftigungssystems. Das alles, das Ausdruck in diffusem Widerstand finden mag, ist, wie er selbst, nicht sekundäre Störerscheinung, sondern als vorrangige Problemsubstanz für Schul-Lernen grundlegend. Die Subjektbasis gesellschaftlichen Lernens ist selbst zum Problem geworden und artikuliert sich im Widerstand. In diesen Horizont freilich wird der Widerstand nicht eingerückt, sonst müßten die Lösungsformen für die angegriffene Schul-Lehre andere sein.

Die analytische Interpretation ist ihrer Funktion nach betriebsförmig. Sie bemüht sich darum, das gefährdete Weiterlaufen des Schulbetriebs und der in ihm aufgerichteten Lehr-Herrschaft zu sichern.

Die Situation ist im Prozeß der Institutionalisierung der Schul-Lehre von Beginn angelegt gewesen und treibt sich immer schärfer in einer krisenhaften Entwicklung heraus, je mehr der Institutionalisierungsprozeß sich niederschlägt im Bild fortgeschrittener, industrieller, technologischer Organisationsweisen.[15] Mit der Einrichtung einer durch den Staat organisierten Pflichtschule wurde die Erziehung der Nachwachsenden zum ersten Mal gesellschaftlich geregelt. Die Institutionalisierung staatlicher Schulen wird in der Geschichte der Schule als erster Schritt in einem langwierigen Säkularisierungs- und Umstrukturierungsprozeß interpretiert, durch den die nationale Pflichtschule die bewußtseinsformierende Tätigkeit anderer Institute ablöst. Formalisierte und rational organisierte Lehre in der Form kognitiver Wissensvermittlung tritt an die Stelle einer vor allem affektiv gegründeten Glaubensbildung durch teilnehmenden Mitvollzug religiöser Rituale. Die industrielle Expansion findet ihren Spiegel in den stärker zweckrationalen Strukturierungen folgenden gesellschaftlichen Institutionalisierungen. Die organisierte Produktion der großen Industrie und der absolutistische Staat, der seine Tätigkeit auf eine rationale Form der Gewaltausübung mit bürokratischem Verwaltungsapparat stützt, bestimmen die Rationalisierungskriterien, nach denen die Erziehung der Nachwachsenden eingerichtet wird. Das seine Tiefenstruktur determinierende Organisationsprinzip einer formalisierten und von der Lebenspraxis abgelösten kognitiven Unterweisung ist vom Beginn an für den Schulunterricht bezeichnend, da er staatlich organisiert für alle Nachwachsenden verbindlich gemacht wird. Das mit der Pflichtschule für die gesamte nachwachsende Generation verallgemeinerte Erziehungsprinzip Unterricht als einer formalisierten und in bürokratische Organisationszusammenhänge eingebetteten kognitiven Unterweisung, die den natürlichen Zusammenhang von Denken und Handeln, von Wissen und Erfahrung, von Theorie und Praxis zerteilt, ist der operative Mechanismus, mit dem die Tiefenstruktur schulischer Lernarrangements festgelegt ist. Die Nachwachsenden haben zu lernen, in formalisierten Organisationen zu leben und das Handeln nach den abstrakten Regeln einer neuen Rationalität zu organisieren. Je mehr sich die Organisationsstruktur kompliziert, um so stärker sind die Mitglieder auf die strikte Einhaltung administrativer Festlegungen verpflichtet, und um so stärker muß die Organisation ihre rationale Zweckstruktur von den subjektiven Affektstrukturen trennen.

Insoweit war das Dilemma einprogrammiert. Die formal erzeugten Lehrstrukturen, die den Regeln der Organisation folgten, unterdrückten die informellen Beziehungs- und Affektzusammenhänge für die Dauer der festgesetzten Lehrzeit.

Was sich im Verlauf des 19. und mehr noch des 20. Jahrhunderts ändert, ist der Repressionsmechanismus. Die Instrumentarien der direkten Gewalt, welche die Schule zur Befriedung der Zöglinge zur Verfügung stellte, werden sozusagen versachlicht und transformieren sich in Apparate und Regelsysteme. Lehrer als Personifikation der Gewalt werden ersetzt. Ihre Gewalt verlagert sich abstraktifiziert in die Struktur der Betriebe. An die Stelle sichtbarer autoritärer Gewaltherrschaft tritt immer mehr eine Art psycho-technologischen Managements, das den Schulunterricht derart zu steuern versucht, daß strukturell erzeugte Konfliktpotentiale durch technische Mittel für die Dauer einer Schulstunde beruhigt werden.

Das Problem ist, daß der Übergang von der autoritären Schulanstalt, in der die Lehre durch offensichtlich gewaltförmige Instrumentarien gesichert war, zu einem Typus technologischer Schul-Herrschaft noch nicht glückt:

– Die durch wissenschaftlich-analytische Operationen erzeugten Technologien versagen in dem Sinne, daß sie nicht hinreichend angeben können, wie die unter den Bedingungen von Betrieben sich mobilisierende Schülerschaft zu bändigen ist;

– das durch alltäglich-analytische Operationen erzeugte Wissen erweist sich als unzureichend. Es ist nicht zu verhindern, daß das Problem täglich neu entsteht, die Ordnungen, die die Schul-Lehre tragen, zu fundamentieren. Der alte Schulunterricht zerfällt, und da ein anderer technologisch noch nicht zu erzeugen ist, geraten die Teilnehmer in einen zermürbenden Kampf um die Erhaltung einer tragfähigen Ordnung auf begrenzte Zeit.[16] Die analytische Interpretation ist betriebsförmig; doch betriebstüchtig ist sie nicht.

4

Die inszenierte Täuschung
Das Leiden findet in den Körpern statt
Am Anfang ist die Prüfung

Die inszenierte Täuschung

Als Herrschaftssystem baut die Schul-Lehre nicht auf der Zustimmung der Schüler. Zu wenig Sinn kann sie beschaffen. Zustimmung zur Lehre geben die Schüler nur selten. Normal ist, daß sie ihre Zustimmung vortäuschen.

Die gewaltförmige Einsetzung der Lehr-Herrschaft bringt ein großes Szenarium der Täuschung hervor.

Elementare menschliche Mitteilungsformen – das Lachen, das Aufzeigen, das Fragen, der Ausruf – sind instrumentalisiert worden. Was sie in nicht-entfremdeten Kommunikationssituationen zum Ausdruck bringen, ist im Schulzusammenhang außer Kraft gesetzt, wird zur inszenierten Täuschung, deren Echtheit so beeindruckend ist, daß nicht nur die Lehrer, sondern auch die Mitschüler daran glauben.

Schüler lachen im Schulunterricht nicht selten, doch selten drückt sich darin anteilnehmende Freude aus.

Brigitte: . . . Der Lehrer schaut flüchtig in sein Zensurenbuch und ruft einen Schüler auf: »Meyer, nach vorne kommen!« Der Schüler kommt lächelnd nach vorne. Der Lehrer stellt eine Frage. Die Antwort reicht anscheinend nicht aus. Darauf der Lehrer: »Wohl wieder mal zu viel Blödsinn im Kopf, was?« Eine zweite Frage folgt. Der Schüler kann nicht sofort antworten. Der Lehrer: »Na, wer sagt's denn, schon wieder ist nichts da in deinem Spatzengehirn. Sechs, setzen!« Die Klasse fällt in ein lautes Gelächter, als der Lehrer »Spatzengehirn« sagt . . .

Jeder ist von vernichtenden Urteilen bedroht; jeder kann im nächsten Augenblick degradiert, verworfen werden. Weil andererseits niemand den Klassenraum verlassen kann, um der Permanenz der Vernichtungsdrohung zu entgehen, ergreifen alle die Flucht nach vorn, suchen Rettung in einer Art Huldigung des Aggressors. Das Gelächter möge ihn versöhnlich stimmen. In ihm soll sich unterwürfige Loyalität, bedingungslose Akzeptanz mitteilen. Der im Gelächter sich darstellende Unterwerfungsgestus, Signal für den Aggressor, von seinen Schlägen abzulassen, ist dessen zentrale Botschaft. Sie wird freilich im Ernstfall von dem in solcher Situation Geschlagenen so nicht verstanden. Das Gelächter vermag er nicht als Unterwerfungsgestus zu entziffern, sondern als die Verletzungen des Lehrers noch verdoppelnde, sie bestätigende Angriffe der Mitschüler.

Thomas erfährt täglich und systematisch Verletzungen:

. . . Frau M., die Lateinlehrerin, ließ zu Beginn des Unterrichts fast immer alle Schüler aufstehen. Dann stellte sie Fragen nach Vokabeln. Wer sich zuerst meldete und die Frage richtig beantwortete, durfte sich setzen. Die Prozedur wurde solange durchgehalten, bis alle saßen. Wer die Frage jedoch falsch beantwortete, mußte sich auf den Stuhl stellen und mindestens zwei Fragen richtig beantworten, bevor er sich wieder setzen durfte. Waren seine Antworten falsch, hatte er sich auf den Tisch zu stellen.

Thomas stand in fast jeder Unterrichtsstunde auf dem Tisch. Jedesmal brachen alle, Frau M. und die Mitschüler, in Gelächter aus.

Er fühlte sich gedemütigt und lächerlich gemacht. Lieber wäre er manchmal tot gewesen . . .

Das regelmäßig einsetzende Gelächter seiner Mitschüler dekodiert Thomas nicht und auch nicht die darin versteckte, verzweifelte Botschaft. Woher auch? Es trifft ihn ärger noch als die Verletzungen der Lehrerin: »Das

Schlimmste war, daß die Mitschüler auch immer auf der Seite der Lehrerin waren, ihre Witze über mich machten, ihren Spaß hatten, anstatt mir wenigstens gefühlsmäßig zu zeigen, daß sie zu mir hielten.«

Im Lachen erfährt Thomas sich in der Isolation: von den Mitschülern aufgegeben, die sich scheinbar auf die andere Seite, die des Verletzers, geschlagen haben, mit ihm paktieren. Ihr Beifall stärkt den Verletzer, wirft zugleich Thomas noch ein Stück tiefer. Der Pseudo-Charakter dieses Beifalls ist in solcher Situation für Thomas nicht begreifbar. Er ist hilflos ausgeliefert.

Das Lachen in der Schule, willfährig, hämisch manchmal, frech, wendet sich freilich immer gegen die Lacher selbst. Sie haben ihr eigenes Lachen gehört und die Angst verallgemeinert, in prekärer Situation selbst ausgelacht zu werden. Die Angst davor, nicht das Rechte zu treffen, Falsches zu sagen, in kontrollierter Situation abzuweichen von dem, was alle tun; die Standards von Normalität nicht teilen zu können. Die Angst ist tief in die Körper eingedrungen, vermittelt über das öffentliche Gelächter, und macht sich bemerkbar im Zittern der Stimme, in schweißnassen Achselhöhlen, wenn einer sich öffentlich mitteilen will. Noch lange Zeit später werden die Lacher von ihrem Gelächter eingeholt.

Im Gelächter teilen die Schüler unüberhörbar, aufdringlich mit, wie sie wahrgenommen werden möchten und umgekehrt: wie sie den Lehrer wahrnehmen. Mitteilungsformen können auf einer Skala der Aufdringlichkeit eingetragen werden, an deren einem Ende das lauthalse Gelächter steht. Am anderen Ende sind Versuche lokalisierbar, sich unhörbar, unsichtbar zu machen. Das Untertauchen, Sich-Verstecken in einer erzwungen öffentlichen Situation ist kein einfacher Akt. Am Erfolg bilden sich Rezepte aus. Gabriele kann ihre Hausaufgaben in einiger Regelmäßigkeit entweder nur unvollständig oder flüchtig-fehlerhaft präsentieren. Die Kontrollen am Anfang der Schulstunden gelingt es zu unterlaufen. Sie befaßt sich unter den prüfenden Blicken des Lehrers, ihren Körper in Duckhaltung, scheinbar äußerst nachdenklich und konzentriert mit dem Schulheft:

. . . Mathematikunterricht im 6. Schuljahr bei Herrn K. Zu dieser Zeit war sie von ständiger Unlust geplagt, die Hausaufgaben zu machen. Entweder hat sie sie spätabends gemacht oder frühmorgens und meistens unvollständig. Das mußte sie möglichst gekonnt verdecken, um keine schlechte Note zu bekommen. Sie saß am Anfang der Unterrichtsstunde geduckt auf dem Stuhl, schaute auf ihr Heft, um nicht dranzukommen. Manchmal hatte sie Pech. Herr K. bemerkte, daß sie die letzten Aufgaben nicht zu Hause gerechnet hatte. Er ließ sie nach vorn, zum Pult kommen, um das Heft zu kontrollieren. Angstvoll stand sie neben ihm . . .

Der unter den Aufsichtsblicken sich hinduckende Körper. Da ist zuerst ein elementarer Impuls in gefährlicher Situation: sich verbergen, den Körper verbergen, ihn aus dem Blickfeld herausnehmen; ihn klein machen und, soweit das geht, hinter Blickbarrieren verstecken. Im Gelände, bei bedrohlichen Vorgängen, ist das relativ einfach. Sträucher, Bäume, Mulden, Erhebungen bieten Möglichkeiten. In öffentlich kontrollierter Situation ist das schwierig. Es bleiben Versuche, den Körper zusammenzuziehen, ihn hinter dem Rücken der Vorderleute klein zu machen.

Gabi: »Die Tür des Physikraums öffnet sich und Herr M. tritt ein. Sofort dämpft sich das Stimmengewirr im Raum. Nachdem uns Herr M. begrüßt hat, packt er seine Aktentasche aus; ein dicker Aktenordner, der altvergilbte Zettel mit Stundenvorbereitungen enthält, kommt zum Vorschein. Mit seinem roten Buntstift bewaffnet, geht er nun durch die Reihen, und jeder hat brav sein Heft aufzuschlagen, in denen fein säuberlich, mit Tintenfüller geschrieben, die Hausaufgaben stehen; gewichtig setzt er einen Haken darunter.

Mehr oder weniger zufrieden schreitet er zurück zu seinem Pult und greift nach dem Lehrerkalender. Herr M.: ›Na, wer kann uns denn heute etwas erzählen?‹ Dabei geht er leise die Namensliste durch. In der Klasse ist es jetzt mucksmäuschenstill geworden, jeder versucht, sich möglichst hinter seinem Vordermann zu verstecken. Auch mein Herz pocht erregt, da ist es schon passiert. Herr M.: ›Iber, Gabi, komm Du doch mal nach vorne!‹

Ich stehe auf, meine Knie zittern, Gedanken rasen an mir vorbei. Hoffentlich kommt der Stoff der letzten Stunde dran . . .«

Körperliches Wegtauchen, Impuls, der aus der Schutzlosigkeit in bedrohlicher Umgebung entsteht, wird verbunden mit scheinbar konzentrierter Beschäftigung. Das Wegtauchen verbindet sich mit Tarnungsversuchen. Daß der Lehrer für den Fall der Entdeckung, mit dem ja leicht zu rechnen ist, das Wegtauchen als Flucht nicht interpretiere, sondern gerade als besonders intensive Art der Teilnahme; daß er ablasse in dem Eindruck, ein wohlpräpariertes, kein schlagbares Opfer zu finden.

Als Tarnmanöver erscheinen andere, in der Skala der Aufdringlichkeit zwischen den beiden Außenpolen eintragbare Mitteilungsformen.

Vorgetäuscht wird die Sicherheit in der Verfügung über das Nachgefragte, das zu prüfende Wissen.

Sabine wird aufgerufen, die Mitschüler atmen auf; auch Birgit. Doch begleitet sie die Szene nicht im Schweigen. Sie hebt, wie andere, den Finger und schnippt, während Sabine nachdenkt, die Antwort auf die gestellte Frage nicht gleich findet. »Jeder mußte doch aufzeigen, um zu demonstrieren, wieviel er wußte. Klar, daß jeder verdächtig war, der nicht aufzeigte. Wir setzten uns ins Licht der Wissenden, um der Prüfung zu entgehen . . .«

Die schnippenden Finger treiben, wie das hämische Gelächter, Sabine in eine Lage, die Jules Henry als Alptraum beschrieben hat. Sabine findet unter dem auf ihr lastenden Situationsdruck keine Antwort. Brigitte wird aufgerufen und antwortet an ihrer Stelle, und die anderen dokumentieren durch Ausrufe, daß sie selber alles genauso gewußt hätten. Diese »na, endlich« . . . »hat ja lange genug gedauert« . . . »na, also« . . . begleitet vom Gestus der Bescheidwisser, richten sich an den Lehrer, doch erreichen sie Sabine und verletzen ihre schon angeschlagene Identität noch tiefer. Sie hat, in der Paraphrase Henrys, einen gesellschaftlich notwendigen Alptraum sich angeeignet. Wer gesellschaftlich erfolgreich sein will, muß lernen, vom Scheitern zu träumen . . .

Schnipsen, theatralischer Gestus, Ausrufen, Gelächter sind die Formen einer expressiven Selbstpräsentation, in der die Schüler den Lehrern ein scheinhaftes Bild ihres Ich entwerfen. Die Aufdringlichkeit der Zurschaustellung von Wohlgeratenheit, von blinder Akzeptierung geltender Schulstandards über das Schüler-Ich ist das raffinierte Instrumentarium der Täuschung. Die Aufdringlichkeit der Präsentation soll zugleich von dem dahinter sich verbergenden Ich ablenken, das gepeinigt ist von der Angst zu versagen, von der Angst, in öffentlicher Situation vernichtet, getreten zu werden. Es ist die Aufdringlichkeit, die Lautstärke der Selbstpräsentation nur die andere Spielart jener Versuche, sich zu verstecken, sich unhörbar, unsichtbar zu machen.

Die Formen der täuschenden Selbstpräsentation wie auch die der Selbstauflösung sind in der Schülerschaft kollektiv gewußte Handlungsformen, sind Teil ihres gemeinsamen Alltagswissens – und sie werden kollektiv inszeniert. Sie sind jedoch keine solidarischen Handlungsformen. Das Gegenteil ist der Fall, da ihre erfolgreiche Anwendung gerade die Entblößung der anderen zur operativen Voraussetzung hat. Dies jedenfalls gilt für die offensiveren Formen der Selbstpräsentation. Weil jeder für seine gelungene Selbstinszenierung das Scheitern der anderen, nur nicht sein eigenes, herbeiwünschen muß, treibt das Szenarium der Täuschung zugleich alle in die Vereinzelung. Niemand weiß genau, wann und mit welcher Vehemenz er von den anderen zum Opfer gemacht wird. Ungewißheiten dieser Art führen kaum zu solidarischen Akten.

Es gibt Ausnahmen, in denen die Schüler über der Produktion einer Täuschung zusammenkommen, bestimmt von dem gemeinsamen Wunsch, den Schulunterricht, wenigstens vorübergehend, außer Kraft zu setzen.

Das Szenarium konstituiert sich in diesem Fall nicht auf der Ebene der körpergebundenen Mitteilungen, vielmehr sprachlich.

Zentrales Element schulischer Gesprächsstruktur ist die Frage. Zwar bestimmen Fragen auch Alltagsgespräche; doch der Unterschied liegt im Verwendungssinn der Fragen. Den in Alltagsgesprächen Fragenden wird unterstellt, daß sie neugierig sind, Informationen einholen wollen, in Erfahrung bringen wollen, was sie noch nicht wissen. Sonst wäre ihr Fragen sinnlos. Eben diese Unterstellung ist im Schulzusammenhang aufgelöst. Die Gesprächsstrukturen erhalten ihre eigentümliche, schulförmige Starrheit durch den Sachverhalt, daß das Wechselspiel von Fragen und Antworten aufgehoben ist. Fast irreversibel nämlich bleibt das Fragen wie das Antworten an die Schulposition der Gesprächsteilnehmer gebunden.

Nur Lehrer stellen Fragen, Schüler kaum. Der alltags-
praktische Sinn des Fragens verkehrt sich. Gefragt wird
im Schulunterricht von jenen, die die Antworten schon
wissen. Das Fragen erhält andere Funktionen: die der
Kontrolle, der Überwachung von Lernprozessen. Der
Funktion entspricht die Monopolisierung des Fragens als
einer ausschließlichen Lehrtätigkeit. In diesem Zusammenhang wird neugieriges Fragen zur Rarität. Solches
Fragen, nicht das kontrollierende, das neugierige, ist
Schülern erlaubt – es ist sogar geboten. Doch die neugie-
rigen Fragen sind lange schon erstickt. Es dominieren die
kontrollierenden, die Lehrerfragen.

In der Verkleidungsform neugieriger Fragen tauchen jedoch manchmal Fragen von Schülern im Schulunterricht
auf. Ihre Funktion ist, den Schulunterricht für begrenzte
Zeit außer Kraft zu setzen oder doch ihn vorzeitig zum
Ende zu bringen. Es sind listige Versuche im Kampf um
die Reduzierung zermürbender Lernzeit, hervorge-
bracht in kollektiv-solidarischer Tat.

Vernichtungsgefahr bestimmt als Permanenz die Alltagserfahrung der Schüler. Sie droht selbst noch in den
letzten Minuten. Erst das Klingelzeichen hebt sie auf.

Birgit erinnert sich an Fragen, die gegen Ende der Schulstunden gestellt wurden. Systematisch fast. In Jahren
entwickelt sie mit ihren Nachbarn zusammen eine Technik des Fragens, der beinah alle ihre Lehrer erliegen.

Warum die Täuschung gelingt? Überzeugend muß die
Selbstinszenierung wohl sein. Thematisches Interesse
bestimmt beim Fragen den Ausdruck der Gesichter.
Grübelnd gefaltete Stirn. Nachdenklich auf die Hand ge-
stützter Kopf. Neugierig leuchtende Augen.

Im Laufe der Schulzeit perfektioniert sich die Technik.
Und auch eine Art Sensibilität dafür, zu welchem Zeit-

punkt, an welchem Thema und in welchen Dosierungen Schülerfragen besonders erfolgreich gestellt werden können.

Die Verbindung von situativem Gespür und Inszenierungstechnik bringt den Unterricht zu Fall. Hier und da. Die Struktur des Lehrgesprächs, die ihn sonst dominiert, das rituelle Hin und Her von kontrollierenden Lehrerfragen und Antworten der Schüler, wird aufgelöst und erscheint in der Verkehrung. Suspension der Vernichtungsgefahr. Auf Zeit.

Wenn wir den Schulunterricht als Szenarium der Täuschung erklären wollen, als Kommunikationsort, an dem sich Menschen systematisch in rollenhafter Selbstinszenierung begegnen, haben wir uns die folgende Ausgangslage vor Augen zu bringen:

Obwohl die Schule prinzipiell über eine unerschöpfliche Menge symbolischer Belohnungen verfügt, muß sie, um ihre gesellschaftliche Funktion der Auslese zu erfüllen, diese Belohnungen begrenzen. Sie muß so tun, als stünde nur eine begrenzte Anzahl davon zur Verfügung. Dies wird erreicht, indem Schülern ein Rang zugewiesen wird. Das verknappt die schulischen Belohnungen künstlich, und der entbrennende Kampf um die knappen Mittel richtet die Schulklasse untergründig als Konkurrenzfeld ein. Weil die Verteilung der Schüler auf der Rangskala immer notwendig Versager erzeugt, entsteht die merkwürdige Situation, daß zwar jeder in einer Gruppe lernt, er seine Leistungen jedoch individuell und gegen die Lerngruppe produziert. Im Run auf gute Plätze beginnen Lernende sich selbst zu verwerten, d.h. Eigenschaften, Anteile ihrer selbst, von sich abzutrennen und sie für den Kampf um Rangplätze zu instrumentalisieren.

»Lernende sind, um soziale Anerkennung zu erreichen, auf ihre Selbstverwertung angewiesen. Die Instrumentalisierung ihrer Eigenschaften bildet die Grundlage des Zusammenhandelns. Ein Moment existentieller Bedrohung ist, daß die verdinglichten Eigenschaften gegen die Konkurrenten, die sie genauso realisieren wollen, durchgesetzt werden müssen. Dies erzeugt Angst, daß die Verwertung nicht gelingt, die erhoffte soziale Anerkennung nicht erfolgt. Die Angst sich zu realisieren, dürfte ein wesentlicher Bestandteil schulförmiger Zwischenmenschlichkeit sein.«[17]

Weil Schüler sich in verdinglichten Eigenschaften begegnen und nicht als Personen, erleben sie die anderen als anonyme Macht, von der ihr persönliches Schicksal abhängt; denn sie haben es in der Hand, ob die Verwertung von Eigenschaften gelingt. Wenn sie die Gegenwerte für meine verdinglichten Eigenschaften verweigern, bin ich sozial vernichtet. Von ihrem Urteil hängt meine Existenz ab. Jenen gegenüber bin ich in einer ständigen Bewährungsprobe. Sie zu bestehen, werden die positiv bewerteten Eigenschaften unterstrichen, die negativen versteckt und aus dem sozialen Kommunikationsprozeß ausgeklammert. Die Exkommunikation eines Teils des eigenen Selbst bildet Grundlage und Bedingung der durch die Schule modellierten Zwischenmenschlichkeit. Wer diese Bedingungen nicht einhält, wird als Außenseiter, als Spinner oder Psychotiker aus der Gemeinschaft der Schul-Lerner exkommuniziert. Indem alle Teilnehmer miteinander derart kommunizieren, daß sie einen Teil ihrer Selbst exkommunizieren, schreiben sie ein entfremdetes Kommunikationsprinzip fort, das sie wechselseitig zur Exkommunikation zwingt. Man kommuniziert miteinander, indem man sich selbst und die anderen exkommuniziert. Dies verleiht der institutionellen Zwischenmenschlichkeit ihre typische Doppelbödigkeit: Wechselseitige Sympathieversicherungen, Höflichkeitsfor-

meln und freundliche Minen halten her, um die Doppelbödigkeit selbst zu überspielen. Man lacht, auch wenn einem nicht danach zumute ist, redet über ein Thema, das
einen eigentlich nicht interessiert, bestätigt Ansichten,
auch wenn man andere hat. In dem Bestreben, an den
Verteilerkreis schulischer Belohnungen angeschlossen
zu bleiben, müssen Schüler danach trachten, ihre Fähigkeiten über die der anderen zu stellen. Zu arbeiten ist mit
Gewinnertricks, Täuschungsmanövern. Verstellungs-
taktiken und Entwertungsstrategien.

»Gezwungen, mehr und anders zu erscheinen als wir
sind, verwandeln wir uns in einen Krämerladen verwert-
barer Masken, degradieren uns zu Regisseuren eines bor-
nierten Inventars an Imponier- und Verstellungstechni-
ken, müssen zugleich aber allerlei Vorbeugemaßnahmen
und Alibis erfinden, um den Schein aufrechtzuerhalten
und uns nicht als Hasardeure, Lügner oder rücksichts-
lose Egoisten zu demaskieren . . .«[18]

Der Zwang zum Mißtrauen gegenüber der inszenierten
Rollenhaftigkeit des Handelns, der in den Lehr-Lern-
Prozeß hineingetragen wird, bewirkt sozusagen eine
endlose Spirale, in der die Erfindung immer neuer Insze-
nierungsformen des Selbst zur täglichen Hauptaufgabe
wird.

Das Leiden findet in den Körpern statt

Die Schul-Herrschaft wird unsichtbar. Sie ist immer weniger sinnlich erfahrbar – jedenfalls nicht als Herrschaft von Lehrpersonen über die anderen, die Schüler. Da das Prüfungsritual, in dem Lehrpersonen als Monopolisten der Gewalt erscheinen, verschwindet, wird auch die Herrschaft unsichtbar, nicht mehr faßbar in den neuen Formen versachlichter Regeln, in Apparaten, Prüfungsinstrumentarien. Die Lehrpersonen stehen gleichsam daneben, selbst nicht mehr Täter, sondern Ausführende, Exekutoren. Für die Situation, in der sich die Schüler befinden, sind sie nicht mehr verantwortlich. Sie selbst sind betroffene Opfer. So scheint es. Mit den Schülern ergibt sich einerseits eine neue Verständigungsbasis. Augenzwinkernde Kumpanei; gemeinsame, freilich geheimgehaltene Regelverletzungen – in Maßen. Andererseits ist das die Möglichkeit, problemlos die Zustimmung der Schüler für die immer weniger begreifbaren, scheinbaren Sachgesetzen folgenden Exekutivhandlungen zu erhalten.

Die Situation der Zerrissenheit, in der sich Lehrer, zumal die sich fortschrittlich Dünkenden, stilisieren, bringt neue Zustimmung; nicht, daß die Darstellung ihrer Zerrissenheit empirisch nicht zuträfe. Durchaus. Aufschlußreich vielmehr ist die neue Technik, Zerrissenheit offen zu demonstrieren. Die neuere Rollentheorie, die als interaktionistische bezeichnet wird, bildet gerade diese Situation begrifflich ab, definiert das neue Selbstverständnis.

Die Schul-Herrschaft ist mit den Lehrpersonen kaum noch zu identifizieren. Sie erscheinen immer mehr selbst als Opfer einer nicht mehr greifbaren, weil abstraktifizierten Mechanik. Herrschaft, Schul-Herrschaft ist nicht mehr erfahrbar als Tat von Personen, die dafür verantwortlich zu machen sind. Sie präsentiert sich in versachlichten Szenarien.

Das ist eine Entwicklung, die im Schulbereich erst in Gang kommt. Außerhalb ist sie schon weiter.[19] Den Kindern tritt die Gewalt der Alltagswelt als gewaltige Organisation von Apparaten und Regeln entgegen. Alles erscheint geplant und vorgegeben. Die Gewalt der Verhältnisse domestiziert, zähmt. Eltern, Nachbarn erscheinen nur als Anwälte, die den Sachzwang zum einzigen Gesetz ihres Handelns gemacht haben – machen mußten.

Greifbare Schul-Herrschaft wandert aus den Alltagsszenarien aus, doch nicht das Leiden der Opfer. Es bleibt und wird in den Körpern noch erfahren. Im Schulunterricht der Gymnasien ist der Zusammenhang aus der Erfahrung rekonstruierbar. Die Spuren des Leidens in den Lehr-Körpern werden im Prüfungsritual von den Schülern wahrgenommen.

Elvira spürt, während der sondierende Blick des Lehrers über die Schulklasse schweift, daß ihr Körper von einem Frösteln überzogen wird. Sie zittert und kann es nicht verhindern. Trifft der Blick des Lehrers, wird sie als Kandidatin ausgesucht, versagt ihr die Stimme – fast regelmäßig. Das Zittern des Körpers umschließt ihre Stimme. Sie ist unfähig zu sprechen.

Arnold versucht, die zitternden Hände zu beruhigen. Er umfaßt, so fest es eben geht, Bleistifte, Kugelschreiber; oder er drückt, wenn er bei der Prüfung an seinem Platz stehen bleiben kann, die Hände kräftig auf den Schultisch.

Petra fühlt sich wie gelähmt. Die Körperlähmung dehnt sich auf das Denken aus. Sie weiß nichts mehr, kann die gestellten Fragen nicht mehr beantworten. Der Körper reagiert heftiger noch, wenn die Spuren des Leidens entdeckt und mit Sarkasmen kommentiert werden.

Günther spürt, wie sein Körper verkrampft. Es ist, als ob sich die Muskeln zusammenziehen. Das reicht bis zum Schmerz, wenn die Verkrampfung den Bauch erreicht. Bauchschmerz, der Übelkeit hervorruft.

Marianne zittert nicht; sie schwitzt. Der Schweiß befällt ihren Körper, vor allem die Achselhöhlen und die Hände. Die Körpertemperatur hat sich verändert. Das teilt sich in ihrem Gesicht mit. Sie wird rot.

Spuren davon bleiben, Lebensspuren. Ich erinnere mich an die Hochschulprüfungen, denen ich als Lehrender vorsitze. Studenten mit rot gefleckten Gesichtern sehe ich häufig; starre, verkrampfte Körper, deren Verkrampfungen die Stimme befallen; ausgetrocknete Münder und, natürlich, eingeschränkte kognitive Reaktionsweisen.

In der akademischen Prüfungssituation reaktualisiert sich das alte Prüfungsritual. Das Leiden an der Lehr-Herrschaft, das den Körper durchzieht, wiederholt sich, wenn die Situationen schon äußerlich sich ähneln. Ich bemerke, daß die Prüfungskandidaten mich nicht als bestimmte Person wahrnehmen, sondern als Abstraktion; als Prüfer, dessen Gewalt über die Situation unbegrenzt ist.

Der im Ritual hergestellte, in den Körpern spürbare Zusammenhang von Schul-Herrschaft und seelischem Leiden hat sich verallgemeinert. Er wird nicht mehr zerreißen. Das ist der Grund dafür, daß Studenten noch wissen, warum sie leiden. Das Bewußtsein des Zusammenhangs ist nicht zu trüben; zu beruhigen ist das Leiden nur durch Drogen. Viele greifen zum Alkohol, mehr zu Psychopharmaka. Immerhin: Es gibt, weil im Bewußtsein aufgehoben, auch die Gegenwehr als Möglichkeit.

In dem Maß, in dem die Schul-Herrschaft sich anonymisiert, von den Personen sich ablöst und nur in Andeutung, in den leisen, mehrdeutigen Formen der Körpersprache als Relikt übrigbleibt, zerreißt der Zusammenhang im Bewußtsein. Die Schüler leiden noch. Doch können sie den Zusammenhang nicht mehr herstellen. Und unbegreifbarer wird das Leiden. Woher kommt das? Die Antworten darauf werden unbestimmter, unklarer.

Ratloser werden Schüler im Umgang mit ihren Körpern. Was in ihnen abläuft, erscheint wie eine Mechanik. Niemand weiß. Leiden ist Ausdruck von Herrschaft in den Subjekten. Doch wo sich die Herrschaft zu verstecken beginnt, wird nicht sie, sondern werden die Subjekte zu Problemfällen. Für ihre Behandlung steht ein Heer von Psychologen, Medizinern, Sozialpädagogen, Therapeuten zur Verfügung.

Oliver, 15 Jahre und in der Klasse 9 der Hauptschule, wird in unregelmäßigen Abständen von Fieber befallen. Er klagt darüber, daß sein Bauch schmerzt. Die Schmerzen sind diffus, in der Qualität von ihm nur ungenau zu bestimmen; auch nicht der genaue Ort, von dem der Schmerz ausstrahlt. Ich verordne ihm Bettruhe und arrangiere die bei Fieberanfällen üblichen Hausmittel. Das alles erscheint mir als Infektion, die bei Jugendlichen nicht selten ist. Zuwenig alarmierten die Zeichen. Vor längerem spitzte sich der gleiche Vorgang dann dramatisch zu. Oliver litt unter Übelkeit, Brechreiz. Ich bemerkte, daß er nicht mehr essen wollte. Er lag eingerollt in eine Decke fast teilnahmslos den Tag über auf einem Sofa. Beunruhigend war, daß sich sein Zustand nicht veränderte. Nur das Fieber war verschwunden. Drei Tage später hatte er 5 kg Gewicht verloren. Der Gewichtsverlust hatte schon, bevor ihn das Fieber befiel, eingesetzt.

Ich besuche mit ihm einen Krankenhausarzt, den ich schätze. Seine Untersuchung ist gründlich. Dennoch kann er nichts finden. An Olivers Körper ist mit medizinischer Sonde nichts zu entdecken. Er ist gesund. Der Arzt vermutet Belastungen, Spannungszustände. In der Schule vielleicht? Die Lehrer? Oliver bestätigt nichts. Zwar ist er unruhig, redet viel mit seinen Nachbarn; aber die Lehrer, sagt er, gucken nur hin und wieder. Er kann keinen bösen Willkürakt, kein bösartiges Wort, keine verletzende Geste erkennen.

Er leidet unter dem generellen Bewegungsverbot im Schulunterricht; mehr noch unter den Einschränkungen des Redeverkehrs; aber das sind Schul-Regeln, die er anzunehmen gelernt hat. Sie haben selbstverständliche Legitimität erhalten.

Welchen Zusammenhang hat sein Zustand mit Schul-Herrschaft? Die Ratlosigkeit ergreift nicht nur Oliver.

Noch bis ins 18. Jahrhundert ist der Zusammenhang von Herrschaft und Körperleiden ursprünglich. Die Herrschaft zeigt ihre Gewalttätigkeit gerade an den Körpern. Das Leiden der Körper wird präsentiert in öffentlichen Spektakeln. Dann, gegen Ende des 18. Jahrhunderts, ist das düstere Fest der Strafe, der Körperstrafe, nach einigem letzten Aufflackern, im Begriff zu erlöschen. Es tritt allmählich ins Dunkel und ist schließlich nicht mehr als ein Akt der Verwaltung. Die Bestrafung hört auf, ein Schauspiel zu sein. Alles, was nach einem Spektakel aussieht, wird nunmehr negativ vermerkt. Der Strafritus wird verdächtigt, mit dem Verbrechen schielende Verwandtschaft zu unterhalten; ihm an Unmenschlichkeit nicht nachzustehen, ja es darin zu übertreffen, die Zuschauer an eine Grausamkeit zu gewöhnen, von der man sie fernhalten wollte.

Nur die Peitsche blieb noch in einigen Strafsystemen

(Rußland, England, Preußen). Allgemein aber wurden die Strafpraktiken schamhafter. Man sollte nicht mehr an den Körper rühren – oder jedenfalls so wenig wie möglich und nur, um in ihm etwas zu erreichen, was nicht der Körper selbst ist. Die physischen Leiden, der Schmerz des Körpers selbst bilden nicht mehr die wesentlichen Elemente der Strafe. Die Züchtigung ist nicht mehr eine Kunst der unerträglichen Empfindungen. Es wird der Körperschmerz beseitigt und zugleich verschwindet das Schauspiel.

»Zu Beginn des 19. Jahrhunderts geht das große Schauspiel der peinlichen Strafe zu Ende; man schafft den gemarterten Körper beiseite; man verbannt die Inszenierung des Leidens aus der Züchtigung. Man tritt ins Zeitalter der Strafnüchternheit ein.«[20]

Wenn sich das Strafsystem in seinen strengsten Formen nicht mehr an den Körper wendet, worauf richtet es dann seinen Zugriff? Da es nicht mehr der Körper ist, ist es die Seele. Der Sühne, die dem Körper rasende Schmerzen zufügt, folgt eine Strafe, die in die Tiefe, auf das Herz, das Denken, den Willen wirkt.

Die Umordnung des Objektbereichs ist an den neuen Strafprozeduren abzulesen. Der Körper bleibt unbeschädigt; die Seele wird getroffen.

– Die Degradation:

»Wir suchen durch diese Art von Kränkung ... die Ehrliebe zu beleben, welches selbst bei den Verstocktesten nicht ausbleiben kann. Gerade die entgegengesetzte Wirkung tun die Schläge; wo der Gestrafte nicht nur niedergeschlagen, sondern auch von den meisten Übrigen bedauert wird. Hier aber findet kein Bedauern statt, weil er keinen Körperschmerz leidet. Hier hindert die Übrigen nichts, entweder die Strafe still zu billigen und gute Entschließungen zu fassen, oder auch des drolligen Anblicks, den einige dieser Strafen mitsichbringen, von Herzen zu lachen. Dies ist teils sehr quälend für den Gestraften, und folglich desto wirksamer, teils ist der Richter des Hasses überhoben.«

– Schildwache:

»Der Verbrecher muß auf der Galerie oder auf dem Spielplatz, wenn die anderen sich belustigen, eine oder mehrere Stunden allein stehen, ohne mit jemand zu reden oder an den Spielen teilzunehmen. Zuweilen wird ihm nach Beschaffenheit der Umstände noch ein Zettel auf den Rücken geheftet, auf welchem sein Verbrechen von allen Vorbeigehenden gelesen werden kann . . . Bei dieser Strafe lernt der Knabe zugleich das Unglück des Müßiggangs und den Vorzug der Freiheit seiner Person und seiner Handlungen kennen. Desto mehr wird er künftig seine Freiheit vernünftig brauchen, damit er sie nicht verliert.«

– Der Schreier:

»Bei harten Vergehen wird vom Senat ein Waisenknabe bestellt, der drei oder mehr Tage hintereinander früh, Mittag und Abend, wenn alle im Speisesaal versammelt sind, das Verbrechen und den Namen des Verbrechers laut ausrufen und mit einem dreimaligen ›Pfui‹ sein Geschrei beschließen muß. Und mich deucht, fühlbarer kann man es einem jungen Menschen nicht machen, daß das Laster erniedrige.«

– Der Bann:

»Dies ist eine von unseren härtesten Strafen, damit wir gemeinhin nur Diebstahl, Betrug, Lügen und grobe Verletzungen der Zucht und Ehrbarkeit heimsuchen. Sie besteht darin, daß der Verbrecher zwei, drei und mehrere Tage von aller Gemeinschaft mit seinen Schülern ausgeschlossen ist. Er muß allein essen, und zwar stehend am Fenster. Er muß allein in den Lektionen stehen. Er darf an keinen Spielen teilnehmen. Keiner darf bei Strafe mit ihm ein Wort reden, solange der Bann dauert usw. Diese Strafe lehrt zugleich den Verbrecher das Glück des geselligen Umganges schätzen und flößt ihm, mehr als wörtliches Ermahnen, das Bestreben ein, sich der Gesellschaft durch nichts unwürdig und verächtlich zu machen.«[21]

Gearbeitet wird an einer Technologie der Produktion seelischen Leidens. Sie ist in ihren Anwendungen noch bis in das Prüfungsritual der deutschen Gymnasien im 20. Jahrhundert erkennbar: die Seelen der Opfer leiden zu lassen, indem Fehler, Schwächen, Dunkelstellen sichtbar gemacht werden in einer lachenden, grölenden oder aber sich abwendenden, isolierenden Öffentlichkeit.

Inzwischen beginnt die Lehr-Herrschaft sich zu positivieren. Ihre Erkennungszeichen, die Repression der Seelen, die Unterdrückung ihrer Äußerungsweisen, verschwimmen. Es gibt sie noch: die negative Form des Verbots und die Seelenbestrafung bei seiner Übertretung. Doch nicht mehr ausschließlich. Die Lehr-Herrschaft ist, wenn sie wichtige Teile ihrer selbst verschleiert, am besten zu ertragen. Ihr Durchsetzungserfolg entspricht dem Vermögen, ihre Mechanismen zu verbergen. Wäre sie noch so zynisch wie in den Riten der Gymnasien, sie würde kaum akzeptiert – weder in den Hauptschulen noch gar in den diversen Formen von Berufsschulen.

Lehr-Herrschaft ist als Instanz, die rigide Grenzen zieht und die Grenzen scharf überwacht, kaum noch begründbar. Viel eher als Schranke der Freiheit; als Institution, die die Freiheit durch Grenzziehung sichert – die eigene Freiheit vor Übergriffen anderer und die Freiheit anderer vor den eigenen. So ist ihr Operationsmodus nicht das Verbot, sondern die Normalisierungstechnik; nicht die Bestrafung, sondern die Verhaltenskontrolle;

nicht die Ausgrenzung aus der Normalität, sondern die Einweisung darein. Ihr Vorbild ist nicht mehr das Gefängnis. Es sind die helfenden Institutionen. Sie schlagen keine Wunden; sie bauen auf, rehabilitieren, sanieren, heilen, therapieren. Der Zusammenhang des Leidens, das sich in den Körpern signalisiert, mit der Herrschaft zerreißt im Bewußtsein der Schüler, wenn sich die Herrschaft in der Positivität des Helfens zu verbergen beginnt.

Erfahrbar nur noch sind die Symptome des Leidens. Wer leidet, kann überwiesen werden. Die Helfersysteme stehen bereit: Neben dem medizinischen System, das sich auf die Körper richtet, breiten sich immer mehr Systeme aus, die für die Seelen zuständig sind – Psycho-Erkennungssysteme.

Der aus der Erfahrung herausgebrochene Zusammenhang von subjektivem Leiden und gesellschaftlicher Herrschaft ist die Basis ihrer Expansion.

Und Oliver? Ich bin sicher: Er würde sich weigern, zum Objekt von Psycho-Systemen gemacht zu werden. Ich beginne zu verstehen, daß er sich selber hilft – und wie.

Ich bemerke ihn mit drei Freunden am Fußgängerüberweg. Ihr Ziel ist die Druckknopfampel. Zwei warten und betätigen den Knopf. Die anderen schlendern wie unbeteiligt auf und ab. So als ob sie einander nicht kennen würden. Die Ampel springt um. Schon stauen sich Autos. Und am Stau flanieren die Jungen scheinbar gelangweilt vorbei.

Die Ampel zeigt grün. Der Stau löst sich auf. Schon springen die beiden Flaneure auf die Ampel zu, drücken den Knopf und warten. Auf der anderen Seite wandern zwei Jungen auf und ab. Sie warten auf den Stau.

Das Spiel dauert, bis ein Ladenbesitzer aus der Nähe die Urheber der Stauintervalle entdeckt hat.

Laute Beschimpfung folgt.

Bald von allen Seiten.

Kleine Befreiungsversuche, die von vielen Altersgenossen so oder ähnlich geteilt werden. Es sind kollektive Versuche, von den glatten Oberflächen der Alltagswelt wegzutauchen; die Apparate und Regeln, nach denen sie funktionieren sollen, gegen den Strich zu bürsten, für sich zu verwenden dort, wo es geht. Sie erscheinen kriminell, sind es jedoch nur in der Definition der Ordnungsmächte. Und in der Definition der Geschädigten.

Es sind Versuche, der unsichtbar gewordenen Gewalt zu entkommen; Versuche, im Beton der Wohnorte noch den verlorenen Dschungel zu finden, die Höhlen der Baustellen; Versuche, die verbergen, was die Helfer, die Ordnungshüter, die Planer nur noch spüren: daß es etwas gibt, was sie noch nicht erfaßt haben. Listige Versuche, der Gewalt, den in Beton und Regeln gegossenen Gesetzen zu trotzen. Spaß zu haben, wenn doch das Lachen im Halse steckenbleibt. Das ist für Jugendliche ein Leben auf dem Zwischendeck. Ein Leben zwischen Legalität und Illegalität im Schutze der Minderjährigkeit. Die Schwäche zur Stärke machen, die Regel zum Chaos. Sehnsucht nach dem noch nicht Verplanten, nach dem noch nicht Beherrschten, nach etwas Autonomie, nach Aktion und Glück. Es sind noch nicht ihre Werke und Vorschriften, nach deren Musik sie tanzen sollen. Also können sie diese Musik noch aus dem Takt bringen. Was als pure Negation oft erscheint, ist vielleicht der positive Versuch zu leben, auszubrechen.[22]

Es sind vielleicht verzweifelte Versuche nur, die scheitern müssen, weil es kein Außen gibt, in das man ausbrechen könnte. Alles ist Innen. Herrschaft, die sich totalisiert hat. Wo der Zusammenhang von subjektivem Leiden und Herrschaft in der Erfahrung zerstört ist, wenden sich die Opfer häufig gegen ihresgleichen. Ihre Befreiungsversuche werden so zu einem Teil der Gewalt, von der Befreiung nottäte. Rebellion, die scheitern muß, lebt bei den noch nicht Zivilisierten, den Kindern und Jugendlichen. Resignation, Flucht in Träume, aus denen es eine tägliche Zwangsrückführung gibt, herrscht bei den jetzt Lohnarbeitenden, den schon Integrierten vor.

Am Anfang ist die Prüfung

Kaum eine der Erinnerungsgeschichten, die von meinen Studenten geschrieben worden sind, klammert die Prüfung aus. Mit ihr wird fast immer der Schulunterricht eröffnet. Sie steht am Anfang. Unauslöschlich scheint sie in das Bewußtsein der Schreiber eingegraben. Ihre Prozedur wird oft intensiv, bis ins Detail beschrieben. Und die Erregungen, die dabei im Spiel waren, werden reaktiviert, teilen sich dem Leser mit. Die Prüfung ist niemandem äußerlich geblieben, ist in die Körper eingedrungen, hat sie geschüttelt. Als Ritual am Unterrichtsbeginn kehrt sie täglich wieder. Die Inszenierung ist unverrückbar.

Der Lehrer tritt an das Pult, öffnet das rote Notenbuch. In einer sich ausdehnenden Suche stellt er den Prüfling fest. Sein Blick wechselt zwischen Notenbuch und Schulklasse hin und her. Gelegentlich schreitet er auf die Schulklasse zu, mustert die Schüler, blickt unschlüssig in das Buch. Der Zufall scheint, wie im Roulett, die Wahl des Probanden zu bestimmen.

Der ausgewählte Kandidat erhebt sich, tritt nach vorne in die allgemeine Sichtbarkeit. Der Raum zwischen Tafel und Schulklasse ist der Ort der Prüfungsexekution. Der Lehrer stellt Fragen, der Kandidat hat meistens in knapp bemessener Zeit möglichst genau und kurz Antworten zu geben. Die Antworten werden als richtig oder falsch klassifiziert. Sind sie falsch, schließt sich an das Überprüfungs- ein Strafverfahren ein, das, in den Techniken unterschiedlich, immer verletzende Demütigungen auf die Prüflinge richtet.

Der ganze Vorgang hat den Charakter einer öffentlichen Veranstaltung. Es ist eine Art Schauspiel, aufgeführt von zwei Akteuren vor der Kulisse von 30 und mehr Zuschauern, die ihre innere Teilnahme klatschend, rufend, lachend bekunden.

Die Bezeichnung »Schauspiel« ist insofern sinnvoll, als sie auf den öffentlichen Charakter der Prüfung aufmerksam macht; andererseits ist sie irreführend. Spielerisch ist sie nicht – jedenfalls nicht für die Schüler-Akteure. Die Dramatik geht zu sehr unter die Haut, erzeugt Betroffenheit, von der die für das Spielen notwendige Distanz nur selten gelingt.

Das fängt mit der Eröffnung des Suchrouletts an. Gespannte Stille macht sich breit. Gabi hört ihr Herzklopfen, während sie sich vorsichtig hinter den Rücken ihres Vordermannes duckt. Birgit versucht, den Lehrer mit den Augen zu fixieren. Wenn er sich dennoch auf sie zubewegt, wenn sie ihn nicht mehr bremsen kann, wird ihr körperlich übel.

Ist der Akteur festgestellt, fällt die Spannung. Alle atmen auf und lehnen sich gelockerter zurück. Als Zuschauer droht ihnen keine Gefahr.

Der Akteur aber betritt die Bühne. Das Schauspiel beginnt. Dreißig und mehr Augenpaare starren. Ihm zittern die Knie leicht. Die Gedanken jagen durch den Kopf: hoffentlich kommt der Stoff, auf den er sich präpariert hat. Das leichte Zittern dehnt sich auf die Hände aus. Der Lehrer beobachtet das, grinst aufmunternd, reicht ihm seinen Rotstift: »Halte dich doch daran fest!« Die Zuschauer lachen. Die Verkrampfung des Schüler-Akteurs löst sich dadurch nicht. Er erwartet die Frage des Lehrers. Der Lehrer fragt, der Schüler-Akteur ist wie gelähmt. Die Verkrampfungen scheinen auch sein Denken, sein Gedächtnis zu erreichen. Ihm fällt die Antwort nicht ein. Während der Lehrer noch wartet, nimmt er Bewegungen bei den Zuschauern wahr: Kommentare, hochgereckte Hände, schnipsende Finger. Der Lehrer: »Hast du sonst noch was zu sagen? . . . Sechs! . . . Du kannst dich setzen!« Die Bestrafung markiert das Ende des Ritus. Sie hätte schärfer, verletzender noch ausfallen können. Das Arsenal der Möglichkeiten ist fast unerschöpflich:

– Der Lehrer kommentiert: »Na, wer sagt's denn. Schon wieder ist da nichts in deinem Spatzengehirn! . . . Sechs! . . . Setzen!« (Brigitte)

– Der Lehrer läßt den Schüler-Akteur durch die Schulklasse rennen. Johlendes Gelächter, die Röte steigt ihm ins Gesicht. Und der Lehrer steht grinsend in der Ecke und zählt die Runden (Petra).

– Der Lehrer heftet strafende Blicke auf den Akteur: »Hast du schon wieder nichts getan? Ihr kriegt alle 'nen Schuß vor den Bug, wenn ihr euren Rüssel nicht ins Buch steckt.« (Norbert)

Es scheint weniger die Prüfung selbst, die die Schüler mit lähmender Angst überfällt. Es ist die Verbindung des Prüfens mit der Strafprozedur. In der Prüfungssituation wird nicht nur die Verfügung der Schüler über Schulwissen überwacht. In ihr wird verletzt, werden Wunden geschlagen. Die Verwundungen des Strafens bilden den letzten Höhepunkt in einem Psycho-Drama. das als Standardsituation noch den gymnasialen Alltag der siebziger Jahre zu beherrschen scheint. Die Prüfungsgewalt stellt sich im Eröffnungsritual zur Schau mit der ganzen Macht, die sie über Schüler beansprucht. Sie wird sichtbar in den Strafen, die sich als kaum mehr gebremste, verletzende, das Ich zerstörende Angriffswut darstellen können, ohne je fragwürdig zu werden. Das in die Prüfungen eingelagerte, sie überlagernde Spektakel der Bestrafung zu Eingang des Schulunterrichts zwingt die

Schüler in die Lehre; verlangt ihnen die aus der Angst geborene Zustimmung zum Schulunterricht ab. Das ist die Funktion.

Im Mitvollzug des Rituals stimmen die Schüler zugleich ihrer Unterwerfung unter ein ungleich Größeres zu.

In der Prüfung wird das Schulwissen abgefragt. Nichts ist heiliger, unangreifbarer in den Gymnasien. Es kann gelernt, behalten und genau wiedergegeben werden. Die Wiedergabe kann nach Graden der Richtigkeit, der Genauigkeit, der Vollständigkeit klassifiziert werden. Der Zweifel am Schulwissen ist schon verdächtig; die Weigerung, es anzuerkennen, der Widerstand, wie er auch immer erscheint, ist Sakrileg. Die Bestrafung erfolgt daher im Namen des Schulwissens.

In den Fragen des Lehrers inszeniert sich der Geltungsanspruch des Schulwissens. Die vorgeführten Prüflinge haben ihm zu genügen, indem sie die richtigen Antworten geben. Es existiert immer nur *eine* Antwort, eben die richtige. Schulwissen, das ist ein Bestand unbestreitbarer Richtigkeiten. Das legalisiert den Bestrafungsakt. Die Aufführung der Prüfung als öffentliche Gewalttat gegen Subjekte zeigt eine Ökonomie, die aus den Herrschaftssystemen der Vergangenheit bekannt ist. Der Mechanismus entwickelt sich am Ausgang des 18. Jahrhunderts.[23] Er ruht auf der Sichtbarkeit der Untertanen. Sie sind es, die gesehen werden müssen, die in das Scheinwerferlicht geraten. Es ist gerade das ununterbrochene Gesehenwerden, das ständige Gesehenwerdenkönnen, das die Subjekte in der Unterwerfung festhält. Und die Prüfung ist die Technik, durch die Subjekte als Objekte in einem Herrschaftssystem zur Beobachtung vorgeführt werden, das sich selbst nur noch durch Blicke kundtut. Unerbittliche Sichtbarkeit der Subjekte: Bedingung für die Ausdehnung der Herrschaft bis in feine Details, bis in die letzten Winkel der Subjektivität; Möglichkeit unbegrenzter Überwachung.

Das Szenarium der Prüfung erinnert mich an die Gymnasien der fünfziger Jahre, die ich selbst als Schüler besuchte.

Fast immer hatten die Prüflinge nach vorn zu treten. An den Ort der größten Sichtbarkeit. Fast immer war Angst vor der Sichtbarkeit im Spiel. Angst vor der kompletten Musterung. Angst vor öffentlichen Verwundungen, die Bestandteil der Musterungen waren.

Als ob nicht der Hauch einer Bewegung die Gymnasien gestreift hätte. Die Zeit scheint in ihnen zum Stillstand gekommen zu sein.

In den Volksschulen, die ich als junger Lehrer in den sechziger Jahren kennenlernte, begannen Entwicklungen, noch zaghaft, die etwas veränderten. Schon war der Druck wissenschaftlich-technischer Rationalisierung spürbar, der in den siebziger Jahren einbrach und die Profile institutioneller Lehr-Lern-Praxis gründlich wandelte.

Die Prüfungsrituale, welche die Gymnasien noch kennzeichnen, waren in den Volksschulen schon im Begriff, sich aufzulösen. Zwar beginnt der Schulunterricht noch mit Prüfungszeremonien, doch sie sind gesäubert; befreit von den affektbesetzten, oft sadistischen Strafakten der Lehr-Herren. Sie wirken eher wie bürokratische Verwaltungsakte. Die Überwachung wird in versachlichte Formen gebracht. Sie verletzt nicht mehr.

Und es gibt Tendenzen, erkennbar, das Prüfen zu totalisieren; es aus der zeitlichen Begrenzung am Anfang zu lösen und auf den gesamten Unterrichtsverlauf auszudehnen. Als junger Lehrer lernte ich, im Gang des Unterrichts anzuhalten und vergewissernde Fragen zu stellen. Am Ende gab es erneut Kontrollen. Das waren die Vorläufer eines später, 10 Jahre danach, einsetzenden Rationalisierungsschubs, der den Unterricht zur permanenten Überprüfungsbühne macht. Zunächst nur: Auflösung des Rituals am Unterrichtsbeginn; Versachlichung in dem Sinn, daß das Strafen verschwindet; Vermehrung von Kontrollen im Gang des Unterrichts, eingebaut als Fragen zwischen Stufen, Schritten, Sequenzen. Die Kontrollen versachlichen sich, werden unaufdringlich und im Aufwand ungleich geringer als die Prüfungsritualien.

Um keinem Irrtum aufzusitzen: In den Volksschulen der sechziger Jahre wird das Prüfen nicht aufgegeben. Es beginnt zugleich totaler und unauffälliger zu werden. Das Überprüfungsinteresse der Institution bleibt vital. Fast fortlaufende Kollisionen mit der Schulaufsicht, die ich als Lehrer hatte, waren Aufsichts-, Überwachungskonflikte. Ich vermute: Bei gleichbleibendem Überwachungsinteresse beginnen die Kontrollformen sich zu ändern. In den Volksschulen der sechziger Jahre zeigt sich das deutlich an. Schärfer konturiert sich die Richtung in den folgenden, den siebziger Jahren. In kräftigen Entwicklungsschüben transformieren sich die Volksschulen. Das Lehr-Lern-Szenarium der siebziger Jahre erhält neue Kontur. Die Gymnasien vollziehen die Entwicklung offenbar nicht mit. So bestimmt das Prüfungsritual noch immer ihre Praxis, da überall sonst im Schulbereich die kühle Messung das Ritual zu ersetzen beginnt.

Die Form der modernen Überprüfung ist die Messung. Ihr liegt freilich das gleiche Konzept zugrunde wie dem gymnasialen Überprüfungsritual. Es geht um die Fixierung individueller Unterschiede, um die Zuweisung einer erkennbaren Schul-Identität, welche die Schüler in ihrer Einzelheit konstituiert. Die Zumessung von Schul-Identität ist ein Meßvorgang, durch den ein quantifizierbarer Abstand zwischen den Schülern festgelegt wird.

94

Im Prüfungsritual ist dieser Meßvorgang noch sinnlich greifbar, von allen mitvollziehbar. Im kollektiven Vollzug akzeptieren alle Teilnehmer den Sinn des Vorgangs; akzeptieren, daß sie sich als Identitäten in Abständen zu den anderen bestimmen.

Alle Schüler stehen an einer Wand. Wer auf die Frage, die der Lehrer stellt, die richtige Antwort weiß, darf einen Schritt vorangehen auf die gegenüberliegende Wand zu. In der durch Schritte abzumessenden Distanz konstituiert sich die Einzelheit der Lerner. Abstände, Distanzen werden zwischen die Lerner gebracht; als räumliche Distanzen in Schritten zu messen, als zeitliche mit der Uhr feststellbare Reaktionszeiten; als Zeit, die vergeht, bis richtige Antworten gefunden sind.

Der Ritus löst sich auf, der Meßvorgang als Grundlage der Beschreibung von Schüler-Identitäten bleibt, wird entwickelt und erscheint in der Testform objektiviert.

Die Abstände zwischen Schülern sind genau zu fixieren, wie auch Distanzen, die sie zum lernbaren Optimum haben, zu der Wissensmenge, die sie eigentlich erreichen müßten, um normale Schüler zu sein.

Der wissenschaftlich-technische Fortschritt, der das Messen von Abständen perfektioniert, überholt, was im Ritus sinnenfällig, doch technisch unvollendet ist. Er öffnet Möglichkeiten, die Abstände zwischen Schülern nicht nur präziser, zuverlässiger zu beschreiben; auch sind Meßdaten unkomplizierter zu erheben und nüchtern. Die Testsituation ist von den Belastungen frei, die das Prüfungsritual kennzeichnen. Schülern werden Distanzen nicht mehr öffentlich vorgeführt; die Feststellung der Distanzen ist nicht mehr an Bestrafungsakte gekoppelt – jedenfalls nicht dem Augenschein nach. Lehrer haben als Inkarnationen der Gewalt abgedankt, sie thronen nicht mehr zum Zwecke des Richtens. Sie erscheinen als Exekutoren eines Kontrollaktes, der von ihnen, von ihrer Willkür, von ihren Vorlieben abgetrennt ist. Affektive Entlastung auf seiten der Schülerschaft: Um so sauberer sind die Abstände, durch die sie definiert werden, meßbar. Der Objektivität der Messung wird der Ritus und die in ihm sich aufhebende, sich darstellende Lehr-Herrschaft geopfert. Sie verschwindet in der Objektivität von Meßvorgängen und zeigt sich neu nur in positiven Verkleidungen: als Diagnose von Abständen, welche schon unverrückbare Standards voraussetzt: den statistischen Durchschnittsschüler als Inbegriff gesellschaftlich existierender, empirischer Normalität. Zu ihm werden alle anderen in eine Beziehung gesetzt; sie werden eingeschätzt, klassifiziert. Das ergibt Daten über Grade und Arten der Normalitätsabweichung. Das Arbeiten an der Verringerung des Abstandes ist Normalisierung. Der Vorgang erscheint als legitim, da er die Abweichler in einen Zustand hereinholt, in dem die meisten anderen schon lange sind. Normalität als Entwicklungsziel ist nicht aus dem Himmel der gesellschaftlichen Normen heruntergezogen worden; sie ist empirisch, existiert als Signum, das die meisten Gesellschaftsmitglieder, die Mehrheit der Schüler kennzeichnet. Pädagogik erscheint positiv, erscheint als Entwicklungshilfe.

Didaktiker bevorzugen normative Standards. Sie bevorzugen Lernziele. In ihnen sind die legalisierten Versionen, die Wirklichkeit zu interpretieren, aufgehoben. Die Abstände bestimmen den Grad und die Art der Abweichung diesmal nicht von empirischen Normalitäten, sondern von einem durch den Lehr-Herrn rechtskräftig gemachten Wissenszustand. Er ist nach jeder Lehreinheit neu festzustellen. Die Daten geben die Grundlage dafür, Schüler zu klassifizieren.

Die Entwicklung einer Testform, durch die der Abstand der Schüler zu einer als geltend unterstellten Wissensmenge gemessen wird, fällt nicht zufällig zusammen mit der Umbildung des Klassifikationssystems. Das alte System der Klassifizierung von Schülern nach dem Alter, das die Jahrgangsklasse als Grundeinheit konstituiert, gerät ins Wanken. In Gesamtschulen massiv, in Hauptschulen vorsichtiger werden Schüler nach den testbaren Leistungen in den Kernfächern der Schul-Lehre aufgeteilt. Die Klassifikation nach Leistung in Kurse, Gruppen mit differenten Niveaus wird als Differenzierung bezeichnet.

Die Errichtung von Differenzierungssystemen wird, natürlich, begründet: Schullaufbahnentscheidungen, die von großer Bedeutung für die gesellschaftliche Positionierung der Schüler sind, werden nicht mehr ein für allemal und mit hoher Fehlerquote getroffen. Sie bleiben vorläufig, während der ganzen Schulzeit fortwährend revidierbar.

Das ist gleichzeitig der Auftakt für eine Totalisierung des Prüfens. Im Namen ihrer eigenen Zukunftsexistenz werden Schüler zu Testpersonen, über deren Fortschritt fortwährend Daten erhoben werden müssen. Die Überwachung in der Testform wandert in das Zentrum des Schulunterrichts, wird zu seinem konstitutiven Teil. Darin unterscheidet sich die Testsituation vom Prüfungsritual. Die Prüfung ist am Beginn des Unterrichts als Extraveranstaltung erfahrbar. Der Unterricht hätte auch abgekoppelt von ihr immer noch dasselbe Ablaufprofil. Die Prüfung ist Präludium, nicht mehr. Mit der Einführung der Testform, die das Prüfungsritual verdrängt, dringt das Überwachungssystem in den Unterricht ein, bestimmt die Fundamente seiner Planung. Testbarkeit wird zum Gütemerkmal für die Präparation der Lehrinhalte und für die die Lehre bestimmenden

Ziele; für ihre Auswahl ebenso wie für die Formulierung. Für Lehrerkandidaten wird der Nachweis unumgänglich, Lehrziele »operationalisieren« zu können – und das soll heißen: sie so zu formulieren, daß sie sich als Anweisungen zum Testen lesen lassen.

In dem Maß, in dem die Prüfung sich in die Testform wandelt, wandert sie in den Schulunterricht ein. Sie verschwindet als erfahrbare Sonderveranstaltung und wird zum konstitutiven Teil des Schulunterrichts selbst.

5
Der Griff nach den Subjekten

Der Griff nach den Subjekten

Die Prüfung war ein Schauplatz, auf dem die Leiden der Opfer sichtbar gemacht wurden. Und Schauplatz ist sie noch an den deutschen Gymnasien. Sie erinnern daher an den Schulunterricht früherer Jahrhunderte. Die Gymnasiallehrerschaft verharrt in Teilen auf der Stufe der Lehrpraxis in den Institutionen des 19. Jahrhunderts. In ihnen war das Sichtbarmachen der Leiden Technik der Herrschaft, sich Zustimmung zu erzwingen.

Es gibt andere Schulen. Ihr Profil hat sich von den alten Anstalten entfernt. Die Kennmarken der Lehr-Herrschaft lösen sich auf. Doch sie richten sich in der Auflösung zugleich totaler wieder auf.

Das kann rekonstruiert werden in zwei Tendenzen, die sich widersprechen und sich doch in eine einheitliche Bewegung zusammenfügen, die das Bild des Schulunterrichts verändert.

Die eine Tendenz objektiviert den Schulunterricht in der Testform. Die andere Tendenz subjektiviert ihn. Ihr Modell ist der Diskurs in offenen Sprechsituationen.

Die letztere Tendenz nehme ich auf.

In den neuen Schulen verbreitet sich die Erkenntnis, daß Lehr-Herrschaft nicht greift. Der Schulunterricht sichert die Wissensaneignung – vielleicht; nicht erreicht er die Träger des Wissens. Das Gelernte bleibt den Subjekten äußerlich. Es wird schnell vergessen, wird gegen neues Wissen ausgetauscht, das selbst schon bald wieder vergessen ist. Spuren in den Subjekten bleiben nicht.

Der Schulunterricht richtet als gesellschaftliche Sozialisationsagentur nichts aus, vermag nicht die Formierung der Nachwachsenden voranzubringen.

Die im gymnasialen Prüfungsritual sich noch mitteilende Herrschaftsmechanik ist ungeeignet. Zu sehr wird sie als Herrschaft sichtbar. Sie erzwingt die Zustimmung zum Lernen, indem sie die Gewalt, die sie über die Subjekte hat, erfahrbar macht. Sie führt die Opfer vor und die Wunden, die sie ihnen geschlagen hat.

Wenn aber der Formierungszweck die Subjekte erreichen soll, kann der Schulunterricht nicht als Strafanstalt erscheinen. Vor allem muß er helfen, trösten, entwickeln. Sonst verschließen sich die Schüler in ihrem Inneren. Doch ist deren Öffnung Voraussetzung für eine gelingende Kanalisierung in gesellschaftlich hoffähige Form.

Unter der Bedingung von Herrschaft, die sich in ihrer Gewalttätigkeit sichtbar macht, öffnet sich niemand. Diese Erkenntnis wächst vor 100 Jahren schon. Zu erreichen ist das Innere der Subjekte nur, wenn sich die Herrschaft verbirgt und neu in positiven, produktiven Aktionen erscheint; wenn die Lehr-Herren sich nicht in zynischen, unkalkulierbaren Strafhandlungen als Gewalttäter entlarven, sondern die gesellschaftliche Zähmungsabsicht neu entwerfen.

Wie?

Johannes Sulzer schreibt 1748 schon eine Rezeptologie zur Öffnung der Subjekte. Nur geöffnete Subjekte sind der Beobachtung zugänglich.[24]

Heute sind die Rezepte der Technik gewichen. Technologien zur Öffnung der Subjekte entstehen. Aus ihrem Zusammenhang nimmt die Schul-Lehre Elemente auf. Und kaum gibt es noch Lehrer, die nicht einen Kurs in Gruppendynamik, Gesprächstherapie, themenzentrierter Interaktion oder in sozial-integrativem Management besucht hätten.

Die Tendenz geht auf Thematisierung unterdrückter

Erfahrungen. Im unterdrückten Erfahrungszusammenhang liegt der Stoff begraben, der das subjektive Leben bewegt. Das Unterdrückte wird durch Sprache und Symbolisierung überhaupt zugänglich, dem Normalisierungszweck verfügbar gemacht. Die unterdrückte Erfahrung ist der Rohstoff, an dem zu arbeiten ist.

Der Schulunterricht schickt sich an, durch Diskursivierung des Verheimlichten bis in die noch individuellen Ecken der Subjekte einzudringen. Es häuft sich der Diskurs über das Verheimlichte; es vergrößert sich der institutionelle Anreiz, über die privaten, persönlichen, subjektiven Seiten des Lebens zu sprechen.

Die alte Mechanik der Schul-Herrschaft beginnt zu verschwinden: die Ausgrenzung des Unerlaubten, das Verbot, die Bestrafung, die Verurteilung, die Vernichtung. Neu konstituiert sie sich als Psycho-Technologie, die das, was geheimgehalten wird, dem klassifizierenden, interpretierenden Diskurs zuführt.[25]

Leicht täuschen wir uns und halten für pädagogischen Fortschritt, was nur Veränderung in der Mechanik der Herrschaft ist.

In der gymnasialen Lehrpraxis, die das 19. Jahrhundert noch nicht verlassen hat, wird der Schulunterricht durch die demonstrative Darbietung institutioneller Prüfungsgewalt zusammengehalten. Darin manifestiert sich Schul-Herrschaft negativ.

Die Schul-Herrschaft des 20. Jahrhunderts ist unter dem Eindruck einer sich als wissenschaftliche Technologie entwickelnden Pädagogik dabei, positiv zu werden. Sie nimmt die Seelen der Schüler als ihren Gegenstand auf, heizt den Diskurs über sie an. Der Diskurs ist das Medium, über den sich die gesellschaftliche Normalisierung vermittelt. Die Normalisierungsabsicht ist dominant, nicht das Verbot, die Bestrafung. Auf der Basis

einer ihre operative Mechanik ändernden Schul-Herrschaft beginnen sich andere Lehr-Lern-Szenarien zu entwickeln.

Ich stelle mir vor, daß eine noch zu schreibende Analy-
tik der Lehr-Herrschaft die Linienführung ihrer Meta-
morphose zu rekonstruieren hat – und zwar in drei
unterschiedlichen Gestalten:

– Die Überlegenheit der Lehr-Herrschaft wird prunk-
voll und für alle sichtbar demonstriert. Auf der Sichtbarkeit ihrer Macht gründet die Zustimmung der Unter-
worfenen. Die Militärparade ist Paradigma für diese
Herrschaftsgestalt in der Politik. Das Paradigma der
Schul-Herrschaft ist das von den Schülerbänken abge-
setzte und erhöhte Lehr-Podest, auf dem der Lehr-Herr
über der Schülerschaft thront.

– Im Verlauf des 18. Jahrhunderts werden die Insignien
der Schul-Herrschaft zurückgenommen, verlieren an Bedeutung. Sichtbar gemacht werden die Leiden der von
der Herrschaft getroffenen Opfer. Zustimmung wird
kaum mehr über prunkvolle Selbstpräsentation erzeugt,
vielmehr über das Sichtbarmachen der Konsequenzen,
die ihre Ablehnung nach sich zieht. Für die Entwick-
lungsgeschichte der Lehr-Herrschaft ist Ähnliches festzustellen: Die Macht der Lehr-Herren erscheint nicht
mehr in den alten Präsentationsformen. Sie verändert
sich, versteckt sich in den leisen, kaum noch merklichen
Funktionsweisen der Augen, der Sprache, der Lokomotion. Die Instrumentarien der Gewalt wandern von außen nach innen, besetzen die Lehr-Körper. In ihnen wird
Gewaltförmigkeit praktisch und gerät zugleich ins Zentrum des Lehr-Lern-Prozesses selbst, ohne noch als solche identifiziert zu sein.

In Geschichten hatte ich diesen Vorgang beschrieben.
Begonnen hat die Besetzung der Lehr-Körper schon im

19. Jahrhundert.

Da sich die Lehr-Herrschaft kaum noch offen demonstriert, vielmehr in die Körper hineinverlagert und in kommunikativen Handlungen verbirgt, werden zugleich die Blicke auf die andere Seite, auf die Schülerschaft, gerichtet. Von öffentlicher Zurschaustellung, von öffentlicher Aufführung der seelischen Leiden der Verweigerer wird Wirkung erwartet im Sinne einer allgemeinen Akzeptanz der Lehre. In den Prüfungen, die in deutschen Gymnasien zum Unterrichtsbeginn rituell vollzogen werden, wird das fast ungebrochen noch fortgesetzt. Der Raum vor der Schulklasse ist der am häufigsten genannte Ort der Exekution; die Verweigerer, die Faulpelze, die Leistungsschwachen sind die favorisierten Opfer.

– Doch solches Ritual ist fast schon Relikt. Teilweise jedenfalls ändert sich der operative Mechanismus der Lehr-Herrschaft im Verlauf des 20. Jahrhunderts. Sie vermittelt sich in anderer Gestalt in den Schulunterricht hinein. Sie ist dabei, positiv zu werden. Gewaltförmig bleibt sie noch. Sie hält fest am Zweck gesellschaftlicher Normalisierung durch Lehre; keine diskursive Begründungspraxis, die sie fundiert, vielmehr bündige Durchsetzung. Nur die Gewaltförmigkeit beginnt, sich von der Signatur der Negativität zu befreien. Nicht Bestrafungspraxis, sondern Kanalisierung.

Ich versuche, die sich wandelnde Gestalt der Lehr-Herrschaft in ihrer Kontur in den Booms der letzten Jahre zu fassen.

Der Bewegungsboom stellt sich in neuen Schulhofkonstruktionen besonders im Grundschulbereich dar. Viele Grundschulen haben die Schulhöfe neu gestaltet.[26] Sie sind bunter geworden, vor allem aber sektorisiert. Die ehemals grauen, eintönig betonierten Schulhöfe sind in Zonen aufgeteilt, in denen Schüler sich bewegen können, ja sollen. Die Zonen zeichnen unterschiedliche Bewegungsmöglichkeiten vor; welche, das wird durch Gerät signalisiert oder durch Symbole, die auf den Boden gemalt sind. Es gibt Zonen zum Hüpfen, zum Ballspielen, zum Klettern. Es gibt, von ihnen abgegrenzt, auch Ruhezonen mit Bänken zum Sitzen.

Die Schulhöfe sind dabei, ihr Gesicht zu verändern. Abstellflächen für Kinder waren sie und sind es noch – doch nur noch in Teilen. Bewegung war nur in gemäßigter Form erlaubt. Vieles wurde verboten. Spiele, Schneeballwerfen, Fußballspielen, Fangspiele. Die Verbotsbegründungen waren immer die gleichen: voran die Sicherheit der Schüler. Im Namen der Sicherheit agieren täglich noch die Lehrer auf den Schulhöfen als Bewegungsverbieter, als Ausgrenzer.

Anders sind die neuen Schulhöfe: Kindlicher Bewegungshunger wird nicht nur legalisiert, er wird durch die Raumstruktur provoziert. Das, was sich an Bewegungsdrang zeigt, wird dann freilich unmittelbar in Formen gegossen. Der Vorgang ist nicht aufdringlich. Er läuft eher unbemerkt ab. Das ist die Mechanik neuer Schul-Herrschaft. Das Unerlaubte wird nicht mehr nur verboten; es wird, scheinbar paradox, herausgelockt und dann in hoffähige Bahnen gelenkt.

Bewegungsverbote richten nur Schaden an. Das Verbotene wirkt weiter, bleibt umtriebig und erscheint als destruktive Kraft an anderer Stelle. Der verbotene Bewegungshunger auf den Schulhöfen richtet Schaden an, weil er sich in Rauf- und Streitlust transformiert. Unfallzahlen auf Schulhöfen bestätigen das. Vom ADAC nicht zufällig begünstigte Modellversuche mit neuer Technologie positiver Bewegungssteuerung weisen Erfolge auf: deutlich sinkende Unfallziffern.

Das bestätigt, trägt die Positivierung der Schul-Herrschaft fort. Und die Lehrer auf den neuen Schulhöfen verbieten kaum noch. Sie überwachen den entzerrten, durch die Zonen strukturierten Bewegungsverkehr. Das Verbieten wird ersetzt. Anregen, Beraten, Ermuntern werden zur dominanten Lehrtätigkeit. Die Lehr-Herren betreten das neue Szenarium als Berater, als Bewegungsberater.

Der Trend bestimmt nicht nur die Schulhofszenen. Wir stellen ihn auch, wenngleich vorerst nur in der Andeutung, im Schulunterricht selbst fest. Ein Blick auf den Sportunterricht, der die kindliche Bewegung aufgreift und sie didaktisch bearbeitet, bestätigt das.

Die Szene:

»Begonnen hatte unser Vorhaben mit der Ankündigung des Lehrers: Morgen haben wir Sport! Dann fragte er die Schulanfänger: Wißt Ihr schon, was wir da machen? Vermutungen der Schüler waren vage. Ihre Vorstellungen über den neuen Lernort und die zukünftige Situation waren ziemlich bald erschöpft. Der Lehrer schlug vor: Schauen wir doch erst einmal, was es in der Turnhalle gibt. Der Lehrer ging mit den Kindern zur Turnhalle. Im Vorraum zogen sie ihre Schuhe aus. Die Gruppe stand nun in der Halle. Zuvor hatte der Lehrer die Raum- und Bewegungssituation strukturiert. Es schien ihm eine Überforderung zu sein, die Kinder dem gesamten Geräte- und Raumangebot auszuliefern – zumal viele Gerätschaften in ihrer Bedeutung von den Kindern gar nicht erfaßt werden können. Deshalb hatte der Lehrer versucht, die Vielfalt zu reduzieren und Raum und Geräte so einzurichten, daß sie von den Kindern als Spiel- und Bewegungsangebot verstanden werden konnten. Überschaubarkeit und verständlicher Sinn waren also die leitenden didaktischen Prinzipien für folgendes Situationsarrangement in der Turnhalle:

Situation 1
Acht Bodenmatten lagen verstreut in einer Hallen-
hälfte. Bei jeder Matte stand ein kleiner Kasten.
Situation 2
Sprossenwände waren herausgeklinkt. In verschied-
enen Höhen waren vier Schwebebänke eingehängt.

Zunächst sollte auf Spiel- bzw. Bewegungsmöglichkeiten innerhalb der Situation spekuliert werden. Der Lehrer forderte weder zu motorischen Aktionen auf, noch
hinderte er die Kinder daran auszuprobieren. Die Szene
stellte sich so dar:

Lehrer: Guckt Euch mal um, was es da gibt!

Die meisten Kinder liefen in den Raum hinein, wende-
ten sich den Matten zu, andere den Sprossenwänden,
einige Kinder blieben zögernd in der Nähe des Lehrers
stehen.

Das sind klasse Matratzen.

Wie im Bett.

Ich mach' die Hoppse.

Ich lass' mich von oben herunterplumpsen, so.

Das ist ganz schön steil.

Ich mag das nicht.

Zwei Kinder versuchten, eine Bodenmatte über eine Ki-
ste zu legen. Der Lehrer half dabei. Nach etwa 10 Minuten rief er die Kinder zusammen.

›Ich glaube, wir können jetzt überlegen, was wir morgen machen wollen – darüber reden wir in unserem Klassenzimmer.‹ Auf dem Rückweg zeigte der Lehrer den
Kindern die Umkleide-, Dusch- und Waschgelegenhei-
ten und erklärte ihren Zweck.

Es war nicht schwierig, über die Sportstunde des folgenden Tages zu beraten. Nachdem die Kinder dem Lehrer und sich untereinander versichert hatten, daß sie
längst Turnschuhe und -hosen hätten oder aber noch be-

kämen, konnte an jene Situationen angeknüpft werden, die in der Halle inspiziert worden waren. Die Kinder nahmen den Vorschlag des Lehrers an, gemeinsam wieder etwas zum Hoppsen oder Purzeln oder Klettern aufzubauen. Man einigte sich auf zwei Themen:

– Wir bauen uns ein Purzelbett.

– Wir sind Bergsteiger.

Zunächst konnten sich die Kinder nicht so recht entscheiden, welche der beiden Stationen sie ausprobieren wollten. Trotz der Einigung auf die gemeinsamen Themen schien es, als verfolgten sie eigene Pläne, ohne ihre Vorstellungen mit denen anderer Kinder zu koordinieren. In den ersten Minuten traten Ballungen auf, Fluktuationen und Unschlüssigkeiten herrschten vor. Kinder, die aufbauten, wurden gestört. Dem Lehrer schien es daher ratsam, die Kinder nochmals in Distanz zur motorischen Aktion zu bringen, damit sie sich auf die abgesprochenen Themen besinnen konnten.

Im Gespräch wurde herausgestellt, wie man besonders gut purzeln kann bzw. wie ein leichter Berg und ein schwerer Berg aufgebaut werden können. . . . Der Lehrer wies noch einmal darauf hin, daß genügend Matten und Klettermöglichkeiten vorhanden seien und so nicht mehr als drei Kinder an einem Purzelbett turnen müßten. Daß Hinauf- und Hinunterklettern nicht gelingt, wenn ein anderer Bergsteiger im Wege ist, leuchtete unmittelbar ein. Jetzt gelang es den Kindern besser, die Situation durchzustrukturieren. Man konnte beobachten, daß sie durchaus in der Lage waren, Intentionen zu verwirklichen und die Situation entsprechend zu variieren. Bewegungshandlungen wurden nicht mehr nur monologisch ausgeführt, sondern in Beziehung zur Aktion des anderen gesetzt: Die Kinder zeigten einander ihr Können und versuchten, auch dort zu helfen, wo es nicht gelingen wollte. Der Lehrer griff nur dann in das Geschehen ein, wenn einzelne Kinder abseits standen oder zu risikoreich vorgingen.«[27]

Die Szene ist von jeder Negativität gesäubert. Prekäre Situationen, in denen Spannungen auftreten können, sind in der Beschreibung schon entschärft.

Aus meiner Lehrerzeit habe ich sie ganz anders in Erinnerung. Es gibt im Schulsport Kleiderregeln. Turnzeug ist zu tragen, wenn die Schüler die Turnhalle betreten. Es ist ja schon gar nicht für Neue selbstverständlich, daß als Eintrittsvoraussetzung für einen bestimmten Ort in der Schule Kleidervorschriften geltend gemacht werden. Ich erinnere mich an Kollisionen, die über dem Turnzeug zwischen Schülern und mir entstanden.

In der Beschreibung wird das unterschlagen. Die Schüler, die Neuen, haben die Kleiderregeln schon akzeptiert: Im Vorraum haben sie ihre Schuhe ausgezogen, wie von selbst; und wie von selbst versichern sie sich und dem Lehrer, daß sie Turnschuhe und Turnhosen schon lange hätten.

Fast vollendete Harmonie liegt über der Szene: kein Streit, kein Zündstoff. Kinder, die ihre in die Turnhalle gebrachte Bewegungsphantasie entfalten, und Lehrer, die ihnen dabei helfen, sie beraten in strukturierendem Gespräch. Keine abrupten Eingriffe; nur dann, wenn es unbezweifelbar vernünftige Gründe gibt.

Es wird nicht mehr gepreßt, nicht mehr in fertige Korsetts gezwängt. Es werden Bewegungsformen hervorgelockt, die Kinder alltäglich vollziehen, über die sie in ihrer Lebenswelt schon verfügen.

Die Geräte deuten die Richtung an, in die gearbeitet wird. Sie führt, scheinbar offen, begleitet von zwanglosen Diskursen und immer in Verbindung mit mitgebrachter Bewegungserfahrung, schließlich doch in die al-

ten und noch immer geltend gemachten Figuren. Nur aufgelöst ist die mir noch bekannte fortwährende Differenz
zwischen kindlichem Bewegungsdrang und sanktionierter
Bewegungsform. Sie hätte zu Zusammenstößen geführt,
die im Alltag durch Ausgrenzung, durch Verbot üblich-
erweise erledigt wurden. Das war belastend und zehrte
an der Zustimmungsbereitschaft der Schüler.

Offenheit als neue Form der Lehr-Herrschaft? Offenheit, welche die Schüler öffnet, sie als Subjekte sichtbar
und zugleich bearbeitbar macht? Mit der methodisch organisierten Öffnung der Schüler-Subjekte korrespondiert nicht die Öffnung der Institution. Sie bleibt ge-
schlossen, fast noch Anstalt. Dies ist das verräterische
Mißverhältnis, das anzeigt: Die Öffnung der Schüler-
Subjekte eröffnet nicht deren Entwicklungsprozeß. Er
bleibt in der Tiefe gesellschaftliche Normierung. Mit der
Öffnung der Subjekte dringt die gesellschaftliche Normierungsabsicht in deren Zentrum, erhält Funktion und
entfaltet sich in ihrer Alltagswelt. Eindeutig ist der
Prozeß freilich nicht; er ist widersprüchlich. Die Positivierung der Lehr-Herrschaft, die Veränderung ihrer operativen Mechanik, die auf Strukturierung geöffneter
Subjekte zielt, wirft neue Steuerungsprobleme auf.

Einerseits werden Lernsituationen als Provokationen
ausgelegt; erhalten Herausforderungskraft; werden befreit von Ödheit, von der Sterilität. Lernmaterialien,
Texte, Bilder, Geräte werden bunter, perspektivenrei-
cher gestaltet; liegen dichter an den Problemen, die Schüler im Alltag bewegen.

Soziale Formationen werden privater, nachempfunden
den atmosphärisch angenehmen Formationen des nahen
Gesprächs mit Freunden (Kreisgespräch) ohne alle Bar-
rieren; des Arbeitens und Lernens in einer kleinen, informellen Gruppe, die sich nicht mehr nach gleicher

Leistung, sondern nach gleicher Zuwendung zusammensetzt.

Das Arrangement ist herausfordernd auch, wenn die Schulwände noch weiß bleiben und der Geruch von Kreide den Raum erfüllt. Der Schulraum ist vorgesehen für ritualisierte Interaktion, nicht für ein sich dynamisierendes Geschehen, das notwendig dann entsteht, wenn Subjekte beginnen, sich mittels ihrer Erfahrungen zu begegnen. Der Klassenraum wird dann zu einem nicht mehr steuerbaren Ort.

Es wird daher andererseits durch einen im Klassenraum entstehenden Überhang affektiver Handlungen immer schwieriger, die im Sinn positiver Kanalisierungen zu erbringenden Steuerungsleistungen in der Form diskursiver Beratung durchzuführen. Das verschärft sich zu einem unlösbaren methodischen Problem, weil für Lehrer keine Lösungsformen bereitliegen. Allenfalls gibt es Problematisierungen.

Horst Rumpf:

»Problem 1: Wie wird man der Schwierigkeit Herr, die darin liegt, daß Unterrichtsplanung im Kontext unserer Schultradition ... Planung von Ereignissen meint, die das Lernen sehr verschiedener Subjekte in derselben sozialen Formation, in raumzeitlicher Konzentration anregen sollen? Denn es liegt auf der Hand, daß die Differenz der lernenden Subjekte ... etwas ist, was die intendierte Lernanregung ständig gefährdet: Eine chaotische Divergenz von Interessen, Fähigkeiten und spezifischen Apathien auf seiten der Lernenden kann jedes Lehrgefüge zertrümmern; ihren Ausbruch zu verhindern, zu domestizieren, zu kultivieren, muß Unterrichtsplanung also Entscheidungen treffen ...

Problem 2: Wie wird das Problem gelöst, daß im Unterricht ein unübersehbares Gefälle hinsichtlich der Macht zur Steuerung, zur Sanktionierung und hinsichtlich der Verfügung über Informationen besteht? Denn dieses Gefälle ist auch immer eine Bedrohung von Lernprozessen: Anpassungs- und Unterwerfungsrituale auf seiten der unterlegen Lernenden, Durchsetzungs- und Disziplinierungsstrategien auf seiten der überlegen Lehrenden.

Solche Mechanismen drohen bei ungleicher Machtverteilung von seiten der sozialen Organisation ins Spiel zu kommen; sie überlagern und korrumpieren leicht die intendierten Lernprozesse, um derentwillen diese soziale Organisation eingeführt wurde ...

Problem 3: Wie wird das Problem gelöst, daß die Sache, deren Präsenz Lernen provozieren soll, im Kontext des Unterrichts im Normalfall aus dem ernsthaften gesellschaftlichen Zusammenhang ihrer Entstehung und Verwendung herausgeschnitten werden muß und auf ein künstlich arrangiertes Lernen hin zu präparieren ist?

Die Fiktivität und Präpariertheit über Lerngegenstände sind – wiewohl zur Förderung spezifischen Lernens erdacht – immer auch Faktoren, die das intendierte Lernen der Schüler lähmen und erstarren lassen können.

Wie werden ... Curricula mit diesen Bedrohungen der Lernintention fertig?«[28]

Theoretische Problematisierungen helfen denen freilich nicht, die sich praktisch in solche Situationen vorwagen. Sie verdoppeln nur, was diese schon selber erfahren haben. Das ergibt eine Sackgasse, aus der das Zurück die einzige Möglichkeit ist, wieder handlungsfähig zu werden. Das Zurück führt in die erneut aufgerichtete Lehr-Herrschaft – diesmal wenig spektakulär und versteckt.

Die stillen Blicke mit Reglementierungskraft; die leisen Vorwärtsbewegungen, die als aggressive Bewegungen nur vage zu beweisen wären.

Es gibt eine problematische Balance, die Lehrer bei der

täglichen Hervorbringung ihrer Steuerungsleistungen im Schulraum zu halten haben. Sie können sie des Drucks der Dynamik wegen, den ihre didaktischen Arrangements selbst auslösen, im Grundsatz nicht durchhalten. Das entläßt Reaktionen: die leisen Spielarten alltäglicher Gewaltpräsentation auf dem einen Pol und auf dem anderen solche der Kapitulation, der Selbstaufgabe. Beide Reaktionsformen werden von vielen in der Lehrerschaft und in der Schulpolitik kurzum geleugnet.

Doch sie existieren – und nicht nur als Randphänomene. Im Gegenteil. Sie sind im alltäglichen Schulhandeln nachweisbar als normale Reaktionsformen von Menschen in paradoxer Situation. Die neuzeitliche Paradoxität, wie sie im Schulbereich deutlich wird, gründet sich darauf, daß der Anspruch auf Herrschaft zwar aufrechterhalten, doch mit Mitteln eingelöst wird, die seine Sicherung gerade gefährden.

Diese Paradoxität wird bewegt; sie wird jedoch nicht gelöst.

Der Curriculum-Boom in der Form der Konstruktion von Material für offene Lernsituationen hat die Pädagogik in den letzten 10 Jahren gefesselt. Offene Curriculum-Konstruktion ist zu definieren als Versuch, die Schul-Lehre soweit zu entformalisieren, daß ihre Inhalte die Schüler treffen, sie irgendwie öffnen können. Problematisch ist von Beginn an allerdings das »Irgendwie«.

Einerseits wird erkannt, daß die durch die Öffnung der Schüler freiwerdenden Affektströme nach Maßgabe der Lehrzwecke strukturiert werden müssen, wenn Lehre überhaupt noch gesellschaftlich notwendige Funktionen erfüllen soll; andererseits kann die Freisetzung der Subjekte nicht nur strategisch gedacht sein in einem reinen Funktionalisierungsinteresse; als Versuch, sie einzufangen, sie zu prägen. Auch umgekehrt müßte gelten: die

Schul-Lehre zu funktionalisieren für eine subjektweiternde Aufklärung, Differenzierung. Insoweit gerät die offene Curriculum-Konstruktion in ein Dilemma. Sie kann einerseits die Schul-Lehre nicht hintergehen, andererseits deren Legitimation nicht ausschließlich aus bildungspolitischem Rechtfertigungsentscheid ableiten, sondern aus ihrem biographischen Entwicklungssinn für die lernenden Subjekte. Das Dilemma durchzieht die gestellten Fragen, die sich schließlich auf eine einzige Frage reduzieren lassen:

Wenn einerseits nicht Schüler das Lernen tragen sollen, sondern Subjekte; wenn also das Lernen zu einem dynamischen Vorgang werden soll, wie kann dann andererseits die Lehr-Herrschaft, die funktionale Ankettung des Lernens an die Lehre, aufrechterhalten werden?

Und umgekehrt: Wenn es um die Sicherung der Lehr-Herrschaft gerade durch Öffnung der Schüler-Subjekte geht, wieviel an freiwerdender Dynamik kann dann noch zugelassen werden?[29]

Der Widerspruch drückt sich der offenen Curriculum-Konstruktion auf. Die Schul-Herrschaft als Basis der Lehre nicht hintergehen zu wollen, doch andererseits die Schüler zu öffnen, um ihre noch nicht befriedeten Anteile als Rohstoff der Lehre zu gewinnen.

In den Warnungen Rumpfs ist der Widerspruch aufgehoben, ohne doch gelöst worden zu sein:

»Die Gefahr, daß nichts gelernt wird, daß also das Repertoire an Handlungs- und Erfahrungsfähigkeit nicht ausgeweitet und differenziert wird. Soll die Lähmung durch Divergenz verhindertwerden, bedarf es der Gegensteuerung. Sie könnte beispielsweise in einem Katalog von Symptomen liegen, deren Eintreten im Unterricht das In-Gang-Kommen der intendierten Lernprozesse signalisiert:

Sind bestimmte Äußerungen, Meinungskonflikte nun als Anzeichen dafür aufzufassen, daß Erklärungs- und Deutungsschemata der Lernenden fixiert werden, daß sie sich in Richtung auf größere Realitätsoffenheit differenzieren oder daß sie defensiv auf primitive Formen regredieren? Wenn solche Symptomkataloge gänzlich fehlen, wenn also die Standards der Lernprozesse, die die Subjekte durchmachen sollen, nicht inhaltsbezogen greifbar werden, dann wird die subjektbezogene Reichhaltigkeit, die der Unterricht einschließt, möglicherweise teuer bezahlt. Hier liegt das große Problem offener Curricula.

Sie kritisieren mit beachtlichen Gründen einen Unterricht, der Schülern zumutet, ihre subjektiven Erfahrungshorizonte stillzulegen und nur subjektneutrales Verhalten, leicht meßbar, leicht vergleichbar, zu dokumentieren.

Curricula, die hingegen Subjekte in ihren individuellen Lebenssubstraten provozieren, müssen sich gegen chaotisches Auswuchern sichern. Durch deutliche Symptomkataloge (z.B. Welches vorgebrachte Deutungsschema ist zu provozieren, zu beeinflussen, zu relativieren? Welche Problematik muß ausgearbeitet, ausgehalten werden? Welcher Konflikt zwischen Positionen ist belanglos, welcher muß ausgeführt werden?), durch explizit gemachte Verkaufsprofile und Interaktionsformen, durch begründete Angabe nichtiger und abführender Aktivitäten? Ein offenes Curriculum darf nicht für abstruse Beliebigkeiten seitens der es realisierenden Subjekte offen sein, soll Unterricht als soziale und zielgerichtete Veranstaltung nicht zusammenbrechen.«[30]

Die gesellschaftliche Normierungsabsicht steht in offen strukturierten Lehr-Lern-Situationen in keiner Weise zur Disposition. An ihr wird unerbittlich festgehalten. Andererseits entstehen durch ihre Dynamisierung

Durchsetzungsprobleme, auf die Antworten noch nicht gefunden sind. Von ihnen hängt ab, ob Neues sich entwickelt und im gleichen Zug die alte Herrschaftsmechanik zurückgelassen wird; oder ob sie immer wieder aufscheint, wechselnd nur in den Erscheinungsformen. Es gibt Hinweise für beide Möglichkeiten. Vorerst erkennen wir Unsicherheiten, Unordnungen, unklare Profile. Es sind Kennzeichen des Übergangs.

Ich hatte die These verfolgt, daß der Schulunterricht des 20. Jahrhunderts an der Sichtbarkeit der Schüler-Subjekte interessiert ist.

Das ist *eine* Tendenz. Im Schulunterricht entsteht ein neues Interesse gerade an dem noch Unsichtbaren; an dem, was Schüler bisher verschwiegen haben; nicht an dem, was sie offiziell sagen, sondern an dem, was sie denken, doch offiziell nicht sagen; was sie empfinden, doch offiziell nicht darstellen.

Entsprechend verändern sich die pädagogischen Sonden. Dem Leben der Schüler auf die Schliche zu kommen und den Orten Aufmerksamkeit zu schenken, die bisher als Kommunikationsorte eher ausgegrenzt waren. Die Sonden stellen sich ein auf das, was unter dem Tisch geschieht, in den Schulhofecken, auf den Toiletten, an den Straßenecken, in Hausfluren. Es ist das Interesse daran, die durch Lehre vermittelte gesellschaftliche Normierungsabsicht in der Tiefe der noch nicht gefaßten Subjekte zu verankern.

Zugleich verändert sich der Lehrakt. Wir erfassen ihn weniger noch in der Ausgrenzung und im Verbot, sondern als einen positiven Akt der Strukturierung in offenen Situationen. Seine Funktion liegt in der Integration. In ihr bildet sich die neue Mechanik der Lehr-Herrschaft ab. Die Ausgrenzung, ihr altes Merkmal, tritt an den Rand. Sie erscheint nurmehr als unhintergehbare Sondermaßnahme bei der Behandlung von nicht mehr integrierbaren Resten.

Noch werden Schüler in die Ecke gesetzt, allein; aus dem Klassenraum geschickt; der Schule verwiesen. In spektakulären Aktionen wird die Ausgrenzung sichtbar gemacht als weiterhin bestehende, wenn auch ungeliebte Durchsetzungsmöglichkeit der Lehre.

Im Alltag aber herrscht sie nicht mehr vor. Dominant ist sie nur in Verbindung mit der Eingrenzung, der Integration. Neue Technologie entsteht aus der Verbindung. Das wird in der deutschen Schulkritik übersehen, die systematisch die Schule als Ausgrenzungsanstalt rekonstruiert.

Gewiß trifft die Kritik noch zu; gewiß wird noch ausgegrenzt, auch wenn die Grenzbereiche weniger rigide festgelegt sind. Doch das Ausgegrenzte wird zugleich eingefangen und behandelt.

Die Erratik des Ausgesperrten macht seine Gefährlichkeit aus. Es taucht wieder auf in anderer Gestalt und an anderen Orten. Es wird durch gleichzeitige Integration mindestens kontrolliert, verharmlost; vielleicht in positive Energie umgewandelt.

Die Funktionsweise wird an der Bearbeitung der Körper deutlich: Noch wird die Körperbewegung aus dem Schulunterricht ausgegrenzt. In ihm herrscht, wie offen immer, das Curriculum, dessen Aneignung nichts mit Körperbewegungen zu tun hat – in den offiziellen Versionen jedenfalls. Doch die Körper werden nicht einfach nur abgestellt und notdürftig überwacht. Die ausgegrenzte Bewegung wird auf den Schulhöfen aufgenommen und eingefangen. Sie wird produktiv bearbeitet, in Bahnen gelenkt. Die bloße Ausgrenzung ist zum Sonderfall geworden. Und auch die Herrschaftsmechanik der alten Schulanstalt.

6
Aufbruch zu den Rändern

Aufbruch zu den Rändern

Alfred hatte von Ausbrüchen berichtet. Es gibt sie im Alltag. Versuche, den Verhaltensstandards einen Moment lang zu entkommen, aus der Monotonie des wiederkehrend Gleichen auszubrechen, um bald wieder zurückzukehren. Solcher Ausbruch beunruhigt nicht. Weder den Ausbrecher noch die Institution. Er verschafft Erleichterung, baut Spannungen ab, die sich unter der Oberfläche standardisierten Lebens ballen. Die Beruhigungsfunktion ist nützlich. Besonders, weil der ganze Vorgang im allgemeinen unauffällig bleibt, alltäglich eben.

Niemand wird sich durch Alfred gestört fühlen; weder durch seine gelegentlichen Lacher, durch seine Alltagssprache, die manchmal die Schulsprache lockert; noch gar durch eine flüchtige Geste oder durch den verwaschen-unordentlichen Anzug, den er trägt.

In den Klassenzimmern ist der Ausbruch getarnt. Er ist schon wieder verschwunden, kaum daß er aufblitzte. Oft gibt er sich nicht einmal mehr in kurzem Augenblick zu erkennen.

Lauter, offener ist er in den Lehrerzimmern. Lehrerzimmer sind die Orte legalisierten kollektiven Lehrer-Ausbruchs. Er findet statt als Wutausbruch gegen Ordnungsverletzer; als Beschimpfung von vermeintlich Schuldigen im allgemeinen Disziplinverfall; als Festlegung von bösartigen Taktiken im Umgang mit ungehobelten Eltern; als Klatsch, der seine Opfer auf allen Ebenen der Schulhierarchie findet.

Abgeschirmt wird das Geschehen nur nach außen. Die Lehrerkollegien in den meisten Schulen hüten ihr Zimmer wie ein Heiligtum. Wenn Schüler versuchen einzudringen, stoßen sie auf große Hindernisse.

Zentrale Handlungsorte in den Schulen sind die Klassenzimmer. In ihnen wird die Lehre zelebriert. Im Abseits, im Halbdunkel, hinter verschlossenen Türen sind Ausbruchsversuche nicht bloß geduldet. Der Ausbruch hat legale Orte in den Schulen. Das ist für die Lehrer das Lehrerzimmer. Die Schüler haben sich schon lange die Toiletten angeeignet. Die Wände sind bemalt und voll mit Sprüchen, die das sonst Ungesagte, Ungedachte artikulieren.

Die Funktionen sind vergleichbar. Die Toiletten sind wie die Lehrerzimmer Orte, an denen Ausbruch stattfindet, dessen Sinn die Beruhigung der Akteure, ihre soziale Befriedung ist.

Wichtig ist nur, daß die Ausbruchsorte von den Haupthandlungsorten, an denen die Schul-Lehre sich vollzieht, institutionell getrennt bleiben. Die Grenzen zwischen beiden sind so scharf wie möglich zu ziehen. Grenzüberschreitungen sind zu verhindern. Der Ausbruch hat im Schulunterricht selbst nicht zu erscheinen. Nur in den Tarnformen, die Alfred beschrieb.

Die Grenzsicherung macht im Schulunterricht der großstädtischen Hauptschulen Probleme. Der Ausbruch ist nicht mehr vor die Türen der Klassenzimmer zu verbannen.

Nicht Lehrer, die Schüler brechen aus. Ihr Ausbruch aus den Schulrollen ist unverdeckt und lärmend. In den Hauptschulen der Metropolen ist das deutlich, in den Provinzen noch unklar: Der Ausbruch verliert den Charakter des Verheimlichten, wird offener. Zugleich wandert er sozusagen aus dem Dunkel der Toilettenbezirke heraus und in das Allerheiligste hinein: in den Schulunterricht. Die Grenzen halten nicht mehr, weil im Zug einer sich liberalisierenden Schul-Herrschaft die alten Sicherungssysteme abgebröckelt sind.

Doch schon beginnen die neuen zu greifen.

Was an den offenen Ausbrüchen im Klassenzimmer integrationsfähig ist, wird aufgenommen. Der Rest wird ausgesperrt. Dies ist vor allem der Lärm, das Geschrei, das den Ausbruch begleitet.

Für den Lärm gibt es Orte, an denen er sich entfalten kann. Der Lärm ist die Begleiterscheinung gesellschaftlich aufgefangenen Ausbruchs. Ausbruch, der kein Aufbruch werden kann. Er ist eingesperrt und gefangen an besonderen Orten. Es werden immer mehr. Diskotheken, Sportstadien, Schulhöfe, Spielplätze und auch der Karneval.

Die eingesperrte Kultivierung des Lärms legt die Spur: Der Ausbruch ist gesellschaftlich, nicht schulisch bloß, eingeholt. Es bleibt der Ausbruch nur als bunter Schein: als exotische Maskerade, als phantasierte Bewegung, als jubelnder Fanclub im grellen Grün.

Der Ausbruch verschwindet in illusionärer Tätigkeit. Er ist nicht nur eingesperrt, stört nicht mehr das Funktionieren der gesellschaftlichen Apparate. Er existiert selbst in den dafür eingerichteten Orten nur noch als Illusion.

Wozu nützt das? Was richtet das an?

Den Ausbruch gibt es massenhaft.

Der Aufstand, die Revolte ist selten.

Petra berichtet von einem Vorfall. Knut, 12 Jahre, ist unruhig. Fast immer. Der Körper ist ständig in Bewegung. Petra kämpft mit ihm in jeder Stunde. Sie fordert und manchmal bittet sie: Setz dich! . . . Kannst du nicht endlich ruhigbleiben? . . . Hör auf, auf dem Stuhl herumzuwippen! . . . Ich möchte, daß du dich jetzt konzentrierst! . . .

Aus der Rolle ist Petra nur einmal gefallen. Das war im letzten Jahr, als Knut die Warum-Frage stellte.

Sie hatte Knut zunächst, unwillig wie fast immer, aufgefordert: Setz dich! Knut aber setzte sich nicht. Er blieb vor seinem Tisch stehen, spielte mit den Händen darauf wie auf einem Klavier und fragte im Ton fast herablassend: Warum?

Petra war nicht sofort reaktionsfähig. Dann schrie sie: Raus! Ihre Stimme war schrill.

Mit der Frage nach einer Begründung hatte Knut das im Schulunterricht selbstverständlich geltende Monopol, die Bewegungen von Schülern im Klassenraum zu regulieren, angegriffen. Der Angriff löste bei Petra ein Gefühl höchster Bedrohtheit aus. Sie war gelähmt, konnte nicht mit ihm umgehen.

Während ich Petra nach Details zu dem Vorfall befrage, erinnere ich mich an eine Geschichte aus meiner Schülerzeit. Ich war 18 und in der 12. Klasse eines Gymnasiums. Der Klassenlehrer war ein liebenswürdiger, älterer Herr, der seiner überlegenen Väterlichkeit wegen von allen Mitschülern respektiert wurde. Manche liebten ihn.

Wir hatten einen der in der Oberstufe üblichen Besinnungsaufsätze geschrieben. Für oder gegen die Maschinisierung des Lebens.

Der Alte hatte meinen Aufsatz als ausreichend bezeichnet. Die Note begründete er, wie er das immer tat, öffentlich während der Rückgabe.

Von der Note war ich getroffen. Ich fühlte mich nicht verstanden, erhob mich und stellte gegen die Begründung des Lehrers fest: Sie haben mich falsch benotet. Ihre Gründe akzeptiere ich nicht. Der Alte hatte hinter seinem Pult gesessen. Röte überzog sein Gesicht. Er stand auf, trat mit stotterndem Gang auf mich zu und schlug mir das Heft, das er in der Hand hielt, auf den Kopf.

Mehrfach. Und vor mir stehend wiederholte er mit einer Stimme, die tiefe Erschütterung verriet: »Das ist mir noch niemals passiert.«

Es gibt Revolten in den Schulen. Doch sie bleiben vereinzelte Tat und ohne praktische Folgen. Niemand macht die Gegenstände, auf die sie sich richten, die Monopole, zum Problem. Sie bleiben. Nur die Revolteure werden zum Problem. Und manchmal die Lehrer.

Der Aufstand verlagert sich in unkontrollierte Bereiche. In Raucherecken und Klosetts. Da bleibt er gefesselt und praktisch ohne Bedeutung. Die Fesselungen setzen sich im Hochschulbereich fort. Revolten erkennen wir dort nicht. Ersatzweise vollgeschriebene Klosettwände. Sprüche, die Befreiung fordern, politisch, sexuell. Unaufgeklärt sind sie meistens.

Die Aussicht auf Revolten wird immer geringer. Die Systeme entwickeln sich, in denen subjektive Probleme aufgenommen und befriedet werden – und zwar so, daß die Illusion der Befreiung sich erhält.

Es gibt dafür legalisierte Räume, die treffend genug als Spiel-Räume bezeichnet werden. Und überall werden neue Spiel-Räume gesucht. Der Begriff trifft: Räume zum Spielen. Räume, in denen der Inhalt des Aufstands aufgegriffen und zugleich vernichtet wird. Die Befreiung von den Monopolen gesellschaftlicher Herrschaft erscheint in den Spiel-Räumen und wird als Bedürfnis in ihnen abgearbeitet. Doch nur in ihnen.

Hauptschüler revoltieren häufiger als Gymnasiasten. Die Hauptschullehrer leiden darunter. Die Dauerrevolte zehrt an den Legitimationsformeln, die auf Bildung abstellen.

Mit Thomas Heinze halte ich mich einen Vormittag lang in einem Lehrerkollegium auf. Die Revolte, sagen die Lehrer, findet dauernd in jeder Schulklasse statt. Alle

Lehrer benennen zwei bis drei Schüler. Nicht mehr. Aber auch nicht weniger. Die Revoltierer sind in Wahrheit Minderheiten, meinen die Lehrer. Das Problem ist nur, daß sie alle anderen Schüler anstecken.

Die Lehrer fragen nach Mitteln zu ihrer Beruhigung. Der Schulpsychologe war schon da. Seine Ratschläge haben nicht geholfen. Die Revoltierer revoltieren noch.

Die Revolte in den Schulen wird vermerkt, doch nicht akzeptiert. Personalisierung hilft. Es sind immer nur zwei oder drei Schuldige. Die Personalisierung hat Funktion. Für Lehrer und für die ganze Schulklasse.

Der Aufstand wird auf eine kleine, nicht-integrierte Minderheit projiziert, die nur Randalieren im Sinn hat. Sonst nichts.

Und die randalierende Minderheit wird ausgegrenzt, in die Ecke gestellt. Nach wie vor.

Die nicht randalierende Mehrheit bricht ersatzweise aus. Doch nicht in den Schulen. Der Ausbruch wird verlagert an Orte, an denen er immerhin dargestellt werden kann. Orte, an denen die Freiheit illusioniert wird.

Sie sind bunt, laut, phantastisch.

Der illusionierte Ausbruch in die Freiheit ist organisiert und muß bezahlt werden. Er ist als Ware in die Wirklichkeit der Konsumption eingeholt. Trotzdem. An den Flipperautomaten stehen immer mehr Jugendliche und in den Diskotheken nicht weniger. Die Stadien sind voll – vor allem mit Jugendlichen.

Der Ausbruch, die massenhaft organisierte Illusion der Befreiung, hat den Aufstand überfällig gemacht. Er ist Sache nur noch von Minderheiten. Wo er sich regt, stürzt sich ein Heer von Sozialarbeitern, Medizinern, Pädagogen und Psychologen auf ihn, um die, die ihn tragen, zu befrieden. So rasch wie möglich.

Es gibt den Ausbruch als massenhafte Bewegung, in der

die Freiheit als konsumierte Ware erscheint.

Es gibt den Aufstand, die Revolte als unspezifischen Angriff, der vereinzelt und von Minderheiten vorgetragen wird. Hilflose Aktionen ohne praktische Bedeutung.

Und es gibt Aufbruch. Bewegung der Subjekte aus ihren Panzerungen heraus.

Im Aufbruch werden Panzer aufgebrochen, die unangreifbar machen, unbeweglich und unempfindlich.

Die Panzer in meinem Fach stellen sich in den eindeutigen Kategorisierungen vor, mit denen die Dinge, die Ereignisse, die Personen gemustert, in die sie eingerastet werden. Sie werden in den Rastern immer wieder gleich gemacht. Und die einmal sanktionierte Erkenntnis, die der Raster trägt, wird immer neu bestätigt. In den Konventionen des Faches sind Menschen schon, bevor sie noch genau beobachtet sind, zu Schülern geworden. Oder zu Lehrern. Es gibt nur wenige, in deren Texten das Unbehagen an der Rasterung spürbar ist. Sie suchen andere, weniger definite Begriffe. Solche Versuche nötigen den Fachvertretern herablassendes Lächeln ab. Versuche, den Panzer der festen Begriffe aufzubrechen. Ohne den Aufbruch des Panzers kann sich Denken nicht entfalten, gibt es keine experimentelle Praxis, keine Entdeckung.

Der Aufbruch verlagert sich von den Zentren, von den zentralen, den dominanten Kategorisierungen an die Ränder. Da gibt es Experimente. Das experimentelle Denken ist nicht Defizit oder nur vorläufig. Es ist substantiell. Denken als Versuch, die Wirklichkeit zu greifen, ist offen. Sonst greift es nicht.

Aufbruch ist Befreiung der Subjekte aus Schablonisierungen methodischen Denkens. Auch aus Schablonen des Empfindens, der Phantasie, der Sprache.

Wohin? Es braucht neue Perspektiven des Untersuchens, in denen das Phantasieren zum Zug kommt wie das Empfinden und das Denken und jede menschliche Tätigkeit, die neue Wirklichkeit hervorbringt. Wir brauchen Perspektiven, keine harschen Standards. Wir brauchen Aufmerksamkeitsrichtungen, keine stickigen Kategorisierungen. Wir brauchen Entdeckungshaltungen, keine Bestätigungshaltungen. Wir brauchen Denken, das die Wirklichkeit ergreift und von ihr im gleichen Zug ergriffen wird. Als grundlegende wissenschaftliche Operation.

Was wird dann gewonnen?

Im Demonstrationszug nach Bonn treffe ich Heiko. Und viele Schüler. Es sind Gymnasiasten vor allem.

Eingefangener Ausbruch im Sonderzug? Legalisierter Ausbruch in der Deutschen Bundesbahn? Buntheit jedenfalls liegt über allem. Luftballons in allen Farben, Spruchbänder, bunte Masken, Verkleidungen. Der Sonderzug ist ein fahrendes Volksfest.

Als Ausbruch ist die Friedensbewegung schon gesellschaftliche Befriedungsbewegung geworden. Beunruhigte Bewegung, die aus dem Innern kommt, ist beruhigt – durch ihre Ästhetisierung vor allem.

Durch die Formen ist der Inhalt zum Kulturkonsumgut geworden. Die Formen nur noch zählen: der Song, das Theater, der Ritus, die symbolische Darstellung. In ihnen kommt der Inhalt entschärft zurück, verbreitend höchstens noch den angenehmen Schauer des Unbehagens.

Die Friedensbewegung beruhigt die Beunruhigten. Im Rahmen von Großdemonstrationen jedenfalls. Das ist deren Funktion.

Doch es gibt Beunruhigung, die nicht zu beruhigen ist. Sie drängt nach Ausdruck. In den ritualisierten Formen von Großdemonstrationen findet sie ihn nicht.

Dort, wo sie ihn im Alltagsleben findet, bahnt sich Aufbruch an.

Dann gerät Friedensbewegung ins Zentrum der Subjekte. Ein Stück weit.

Heiko erzählt im Sonderzug nach Bonn davon, wie er mit neun Kollegen morgens vor Schulbeginn an der Schultür steht. Sie demonstrieren mit einem Spruchband gegen Atomraketen und sind sicher: die Demonstration ist ihre Lehrerpflicht. Den Ärger, die existentielle Bedrohung, wollen sie aushalten. Aufbruch? Wohin?

Während der Rückfahrt singen Heiko und ich. Schüler kommen dazu. Ich beginne, auf der Gitarre zu spielen. Wir singen und fühlen uns zusammen in einer gemeinsamen Sache. Wir singen Lieder gegen den Krieg. Und wir reden über Schulen, die noch Anstalten sind, Herrschaftsanstalten. Das Friedensthema hat nicht nur Raketen zum Gegenstand. Es ist auch auf, gegen die gesellschaftlichen Apparate zu richten; gegen die Zentren gesellschaftlicher Macht.

Ein Stück Aufbruch. Wohin? Mit welchen Aussichten?

Wer aufbricht, muß sich beiden Fragen stellen. Für Ausbrecher sind sie eher überflüssig.

Der Aufbruch muß von den Zentren an die Ränder gehen, meint Heiko.

Ich stimme zu und denke wieder an die Zentren in meinem Fach. In ihnen wird bestimmt, was hoffähig ist: welche Fragen gestellt werden können; wie sie zu untersuchen sind; welche Sprache als Fachsprache gelten soll.

Die Schulwissenschaft hat verschiedene Zentren. Und sie hat Ränder. An den Rändern wird experimentiert mit Nicht-Approbiertem. Das sind Experimente, in denen sich Unbehagen an den Zentralen zugleich artikuliert. Nicht alle Experimente tragen weiter. Manche doch.[31] Sie nehmen viel mehr als die standardbewußten Zentralen auf, was den gesellschaftlichen Erziehungsprozeß praktisch bewegt; welche Veränderungen sich in seinen Trägern ankündigen.

An den Rändern wird verfolgt, was mit den Richter- und Befehlswörtern aus den Zentralen nicht zu vereinbaren ist. Es ist mindestens abenteuerlicher und wird doch leicht verworfen.

Die Köpfe schütteln sich schon über die Art des Schreibens. Texte werden ins Literarische abgedrängt, ins Unfertige auch, weil in ihnen Fragen gestellt werden, die keine sicheren Antworten finden.

Sie sind jedenfalls nicht eingekapselt in das Korsett fester Begriffe oder in die scheinhafte Eindeutigkeit von Daten.

Das Denken ist zu oft in schon gedachten Bahnen, in Schablonen. Und es bewegt sich nicht. Zu selten wird das Denken außerhalb gewagt. Doch mit ihm wird viel gewonnen. Also wollen wir anfangen zu denken . . .

Anmerkungen

1 Das hochschuldidaktische Experimentieren war Basis meiner Beiträge in: Thomas Heinze/Fritz Loser/Friedrich Thiemann, *Praxisforschung*, München 1981.

2 Diese Fragen werden verfolgt von Eggert Holling/Arno Bamme, *Lehrer zwischen Anspruch und Wirklichkeit*, Frankfurt 1976; Arno Combe, *Alles Schöne kommt danach*, Reinbek 1983; Hans Günther Homfeldt/Wolfgang Schulz/Ulrich Borkholz, *Student sein – Lehrer werden? Selbsterfahrung in Studium und Beruf*, München 1983; Wilfried Gottschalch, *Schülerkrisen*, Reinbek 1977; Horst Rumpf, *Die übergangene Sinnlichkeit*, München 1981; Friedemann Maurer (Hg.), *Lebensgeschichte und Identität. Beiträge zu einer biographischen Anthropologie*, Frankfurt 1981.

3 So bei Fritz Loser, *Qualitative Verfahren in der Unterrichtsforschung*, in: *Bildung und Erziehung* 1983, Heft 2.

4 An dem Kölner Vorfall war ich als Betreuer einer Dissertation unmittelbar beteiligt. Besonders beunruhigend fand ich, daß gerade Kollegen meines Faches, der Schuldidaktik, die Dissertation zu Fall brachten. Bis heute hat eine inhaltliche Auseinandersetzung darüber nicht stattgefunden.
Außer einem vage artikulierten Unbehagen am vermeintlichen Subjektivismus, der die Wissenschaft bedroht, ist wohl auch nicht viel mehr zu erwarten. Der Subjektivismusverdacht wird regelmäßig erhoben, wenn die Untersuchenden die Berührungen, welche die zu untersuchende Wirklichkeit in ihnen ausgelöst hat, nicht verschweigen. Doch Wirklichkeit, soziale Wirklichkeit jedenfalls, ist nicht leicht auf Distanz zu halten. Wer sich in Untersuchungsabsicht darauf einläßt, muß mit Verwirrungen rechnen. Es braucht schon besonderer Vorkehrungen, sie zu verhindern. Solche Verhinderung wird als wesentlicher Bestandteil wissenschaftlichen Arbeitens verstanden. Kaum eine Arbeit, die nicht ihre Legitimation aus dem ausdrücklichen Nachweis schöpft, daß der Untersuchende alles getan hat, um sich von seinem Gegenstand nicht affizieren zu lassen.
Die Trennung der Untersuchungsobjekte von den Untersuchenden ist Dogma. Für die Mehrheit. Damit wird eine Perspektive erschlagen, die ihre Erkenntnisquellen gerade in der Rezeption der subjektiven Seite des Untersuchungsprozesses sucht, in den Verunsicherungen, die der Untersuchende selbst in der Auseinandersetzung mit seinem Gegenstand erfährt.

Esther Morét hat in ihrem von Kölner Fachkollegen zu Fall gebrachten Dissertationsprojekt dargestellt, daß der Weg weiterführt: die Verunsicherungen der Untersuchenden aufzunehmen, sie als Daten in den Zusammenhang der Auseinandersetzung konstitutiv einzuholen.
Es gibt nicht bloß ethische, es gibt vor allem erkenntnismethodische Gründe für eine Rehabilitierung forschender Subjektivität.
Als sensibles Instrument kann sie betrachtet werden, welches Wirklichkeitserfahrungen öffnet, die im Wissenschaftsprozeß sonst nicht zur Verfügung stehen. Zu blind macht für solche Möglichkeiten das Trennungsdogma.

5 Das drückt sich in der Formel von der kommunikativen Validierung als einem Kernstück praktischer Schulwissenschaft aus. Vgl. dazu Thomas Heinze/Friedrich Thiemann, *Kommunikative Validierung und das Problem der Geltungsbegründung*, in: *Zeitschrift für Pädagogik* 1982 , Heft 4.

6 Als hervorragende Dokumentation dieses Verständnisses von Objektivität betrachte ich die Arbeit von Esther Morét, *Jugendliche im Abseits – Explorationen im Schulalltag*, Manuskript Köln 1984.

7 Vgl. Norbert Vorsmann, *Wege zur Unterrichtsbeobachtung und Unterrichtsforschung*, Ratingen 1972.

8 Das Zitat entnehme ich meiner Arbeit *Kritische Unterrichtsbeurteilung*, München 1979, S. 27.

9 Die Bewegungsanordnungen aus dem 19. Jahrhundert habe ich gefunden bei Katharina Rutschky (Hg.), *Schwarze Pädagogik. Quellen zur Naturgeschichte der bürgerlichen Erziehung*, Frankfurt 1977, S. 220 ff. (Der Platz des Lehrers in der Klasse).

10 Vgl. meine Arbeit *Kritische Unterrichtsbeurteilung*, a.a.O. S. 31.

11 Diese Aussage habe ich meinem Aufsatz über Niederschläge des Alltäglichen in subjektiver Erfahrung entnommen. In: Friedrich Thiemann (Hg.), *Konturen des Alltäglichen. Interpretationen zum Unterricht*, Königstein 1980, S. 39.

12 Vgl. dazu Oskar Negt/Alexander Kluge, *Öffentlichkeit und Erfahrung. Zur Organisationsanalyse von bürgerlicher und proletarischer Öffentlichkeit*, Frankfurt 1972[4].

13 Die These bestätigt sich durch die Untersuchungen von Holling/Bammé (a.a.O., S. 51 ff.) mehr oder weniger.

14 Vgl. meine Arbeit *Zur Funktion alltäglicher Interpretationsarbeit. Wie Schulerfahrung organisiert wird*, in: *Bildung und Erziehung* 1983, Heft 4.

15 Die folgenden Überlegungen hat Norbert Groddeck entwickelt:

Schule und Spätkapitalismus, in: *Die Deutsche Schule* 1974, Heft 4.

16 Dies ist das wesentliche Ergebnis der Untersuchungen von Jürgen Zinnecker, *Die Schule als Hinterbühne oder Nachrichten aus dem Unterleben der Schüler*, in: Gert-Bodo Reinert/Jürgen Zinnecker (Hg.), *Schüler im Schulbetrieb*, Reinbek 1978, S. 29ff.

17 Vgl. meine Arbeit *Kritische Untersuchungsbeurteilung*, München 1979, S. 70.

18 Dieter Duhm, *Warenstruktur und zerstörte Zwischenmenschlichkeit*, Lampertheim 1977, S. 128.

19 Der Zusammenhang wird bis in Einzelheiten aufgedeckt von Michel Foucault, *Überwachen und Strafen*, Frankfurt 1977[2].

20 Foucault, a.a.O., S. 23.

21 Vgl. Katharina Rutschky, a.a.O., S. 407 (Wodurch die Körperstrafen zu ersetzen sind).

22 Die Gedanken stammen von Johannes Beck, der einen hervorragenden Aufsatz über die Veränderungen in der kindlichen Alltagswelt der Moderne in *päd. extra* (1982, Heft 10) geschrieben hat.

23 Dazu vgl. Foucault, a.a.O., S. 242.

24 Vgl. Katharina Rutschky, a.a.O., S. 189.

25 Dazu mein Aufsatz *Das Ende der Geheimhaltung. Über den Mitteilungscharakter des Lehrens*, in: *Westermanns Pädagogische Beiträge* 1983, Heft 5.

26 Einen Eindruck von der Schulhof-Reformbewegung vermitteln Reinert/Zinnecker (a.a.O., S. 122–206) in Teil 2 ihrer Arbeit. Sie trägt den Titel: Schulhöfe. Projekte – Leben – Utopien.

27 Gerd Landau/Heide Maraun, *Morgen haben wir Sport*, in: *Die Grundschule* 1977, Heft 10.

28 Horst Rumpf, *Divergierende Unterrichtsmuster in der Curriculumentwicklung*, in: *Zeitschrift für Pädagogik* 1973, Heft 3.

29 Dazu mein Aufsatz *Variationen zum Alltagsthema*, in: Friedrich Thiemann (Hg.). a.a.O., S. 6–9.

30 Horst Rumpf. a.a.O., S. 405.

31 Das Experimentieren trägt, finde ich, weiter in Arbeiten von Arno Combe, *Alles Schöne kommt danach*, Reinbek 1983; Hans-Günther Homfeldt, *Student sein – Lehrer werden?* München 1983; Urs Jaeggi, *Was auf den Tisch kommt, wird gegessen*, Darmstadt und Neuwied 1981; Horst Rumpf, *Die übergangene Sinnlichkeit. Drei Kapitel über die Schule*, München 1981; Konrad Wünsche, *Die Wirklichkeit des Hauptschülers. Berichte von Kindern der schweigenden Mehrheit*, Köln 1970.

edition suhrkamp. Neue Folge